ÚNETE A LA FAMILIA REAL

DR.
SERGI
RUFI

BELLEZA DE LA RAREZA

REBELDE, SENSIBLE, REAL

#SINCULPA

LIBROS CÚPULA

Estas páginas se inspiraron en la carretera y están dedicadas a Víctor,
mi espejo de belleza y fuente de inspiración.

Primera edición: enero de 2024

Diseño de cubierta: Planeta Arte & Diseño

Av. Diagonal, 662-664, 08034 Barcelona (España)
Libros Cúpula es marca registrada por Editorial Planeta, S. A.
www.planetadelibros.com

ISBN: 978-84-480-4057-4
D. L: B. 16.353-2023

Impresor: Gómez Aparicio
Impreso en España – *Printed in Spain*

Certificado PEFC
Este libro procede de bosques gestionados de forma sostenible y fuentes controladas
PEFC
PEFC/14-38-00305
www.pefc.es

El papel utilizado para la impresión de este libro está calificado como **papel ecológico** y procede de bosques gestionados de manera **sostenible.**

SUMARIO

TODO GIRA AL REVÉS

Dicen que soy diferente.
Que vivo a contracorriente.
Dicen que soy lo de siempre.
Otro fracaso aparente.

Cuando crees lo que ves.
Todo gira al revés.
Lo que dicen que es.
Solo es interés.

Dicen que nadie me entiende.
Que solo nunca se vence.
Dicen que no soy eterno.
Que arderé en el infierno.

Cuando crees lo que ves.
Todo gira al revés.
Lo que dicen que es.
Solo es interés.

¡Lo raro reta el criterio!
¡Viejo dilema en lo nuevo!
¡Agita el polvo del velo!
¡Peligra el viejo Imperio!

NOTA DEL AUTOR

Cuando el espacio ubicuo entre la conciencia cósmica y el tiempo psicológico se esfuma, las posibilidades del ser humano se multiplican por infinito. Es entonces cuando nos convertimos en seres divinos.

Puede que la afirmación anterior suene bella y esperanzadora, aunque, en realidad, no he dicho nada concreto, y menos aún práctico o aplicable. Una vez que la memoria lo borre, no tendrá ningún efecto terapéutico en nadie.

He hecho uso de la retórica *new age* Disney para embelesar al lector y hacerle sentir que poseo un grado superior de comprensión de «la realidad última». Y, por lo tanto, que todo lo que digo merece ser escuchado y tomado en consideración.

Al contrario, no quiero pretender que lo sé todo ni tengo intención de vender nada a nadie. Tampoco pienso poner el listón alto a propósito, para no frustrar a nadie y que nadie necesite volver a mí a por más dosis.

No soy un psicólogo oficial, ni un todólogo, ni un gurú falsamente iluminado. La mayoría de los libros de psicología y espiritualidad están llenos de buenas intenciones, las cuales son insuficientes para llegar a una comprensión real y honesta de lo que somos.

Únicamente voy a hablar de mi experiencia personal y profesional durante más de veinticinco años en el área de la psicología y la espiritualidad, acompañando a miles de personas de varias culturas y países.

Creo que los libros de psicología los deberían escribir psicólogos rigurosos, no economistas, empresarios, periodistas o ingenieros. De lo contrario, acabaremos pensando que la mente es exacta como una fórmula matemática, una ecuación lineal, un recorrido hacia delante sin vuelta atrás.

Y caeremos en la trampa de que, si yo he podido, tú también podrás. Y nos venderán un método único e infalible para todo el mundo, con el que confundiremos nuestra salvación con la biografía de ellos.

Por último, espero defraudar las expectativas que tienes puestas en mí y que me bajes del pedestal al acabar el libro.

No soy más valiente que nadie, solo soy yo mismo y hago lo que tengo que hacer.

INVITACIÓN A LA BELLEZA DE LA RAREZA

Estamos en la extraña era de la complejidad y el contraste, de la *réplica* y la *evolución*, del cambio y la aceptación, de la culpa y la libertad, de los valores y los antivalores, del narcisismo y la timidez, del ruido y el silencio, de la curiosidad y el aburrimiento, de la comodidad y el trastorno, de la apariencia y el sentimiento, de la hiperconectividad y la soledad, de la firmeza y la suavidad, de la fachada y la sensibilidad, de la **rareza** y la **belleza**.

Podemos aprovechar la actual **confusión cultural** para abrirnos a la **contradicción humana** y **comprendernos** mejor. O sellar los ojos y dejar pasar para siempre esta oportunidad de transformación que nos lleve a vivir con **mayor ligereza y menos culpa** lo que somos.

INTRODUCCIÓN

Las ideas que desarrollo en este libro están basadas en mi experiencia profesional de veinticinco años en el campo de la psicología. Durante este largo recorrido he conocido, analizado, comprendido y acompañado a miles de personas de distintas partes del mundo en su proceso de desarrollo personal.

Igual que los manuales de física de partículas los escriben los físicos, o los de diseño de construcción de edificios los arquitectos, los libros de psicología deberían ser escritos por psicólogos experimentados en el campo de la intervención y el acompañamiento terapéutico. Uno no se hace cardiólogo por el hecho de tener un corazón, o mecánico por tener un coche.

Sin embargo, por el mero hecho de tener una mente, de haber superado una crisis o de haber tenido éxito económico, mucha gente sigue la moda y se lanza a pontificar axiomas sobre psicología o a vender métodos infalibles para **controlar** la mente y vivir presuntamente más **feliz**. Así es como la psicología se ha convertido en el área de conocimiento humano donde más intrusismo y menos rigor existe. Un área donde todo el mundo puede soltar su **verdad** por el mero hecho de destacar en un ámbito profesional cualquiera.

El empresario, el economista, el emprendedor, el ingeniero, el periodista, el banquero, todos escriben *bestsellers* sobre psicología generalizando su experiencia personal, proyectando su ejemplo sobre la sociedad y confundiendo más a la gente.

Así es como la psicología popular, la que más vende y más se ha extendido, ha acabado considerando que todos somos iguales, que todos seguimos los mismos patrones y, por lo tanto, necesitamos las mismas soluciones. Proyecta una concepción reduccionista, simplista, superficial y lineal, y por consiguiente dañina, de la condición humana.

A esta psicología de bolsillo se le gana con el rigor de la práctica terapéutica. A sus conclusiones erróneas se las desbanca contactando en primera persona con las capas profundas de miles de personas.

Tengo claro que cualquier libro, método, enseñanza o profesional de la psicología (de la mente, las emociones o la conducta humana) que añada más tensión, rigidez, sacrificio continuado, miedo prefabricado, culpa o vergüenza, en lugar de ser una posible solución a los problemas personales acaba convirtiéndose en un nuevo problema a solucionar. Creo que las recomendaciones generales que nuestro SN (Sistema Nervioso) detecta como amenazantes deberían ser descartadas como propuestas terapéuticas. Ya nos han gritado suficiente nuestros padres, profesores y jefes.

El propósito de este libro es que el lector pueda comprender mejor su forma de ser, sus pensamientos, emociones y conductas, para gestionarse mejor, cambiar de sí mismo lo que pueda y fluir mejor con lo que no pueda cambiar, vivir con menos **culpa** y **vergüenza,** quién es y lo que sea que le toque vivir, hallarle más **sentido** a su vida, conectando y viviéndola desde un yo más auténtico y **real**, aceptando y normalizando sus **rarezas** personales.

Las preguntas más frecuentes que he escuchado en consulta han sido: ¿es **normal** lo que me pasa? ¿Tengo un problema grave? ¿Estoy loca? Esta **confusión** en la experiencia que uno tiene de sí mismo viene de esa concepción psicológica superficial y miope que antes he mencionado. La verdadera locura debería ser forzar al **diferente** a ser normal.

ES HORA DE LIBERARNOS DEL SENTIMIENTO DE CULPA POR NO ENCAJAR EN LO QUE LA CULTURA OFICIAL CONSIDERA COMO NORMAL.

Cuando tropiezas con **conceptos** que te encajan a la perfección, se enciende la mirada, te recorre un escalofrío, aumentan las pulsaciones, la incertidumbre preocupa menos. Las piezas del tetris mental encajan. Algo se ha conectado, apareces en algún manual serio. Parece que se habla de ti, te sientes menos solo.

Hay rasgos y procesos internos que nos activan sensaciones internas de **rareza**, como la alta sensibilidad, la neuro-divergencia, la introversión, las altas capacidades, el pensamiento arborescente, el pensamiento lateral, el pensamiento divergente, etcétera.

Otros conceptos son claves para comprendernos mejor, como la homeocinesis (un equilibro interno dinámico y cambiante), la variabilidad psicológica, la multifactorialidad, la complejidad, la comprensión, la compasión, la sensibilidad, la incertidumbre, la belleza, la aceptación, los valores, la libertad, la culpa, la humildad, el *homo insipiens*.

A lo largo del libro, utilizo palabras que se refieren a términos muy similares, casi intercambiables y que aluden al sistema nervioso (SN), como son la *vía de abajo* (o *bottom-up)*, la vía ascendente, el nivel somático, el sentimiento, el sentir, la mente inconsciente, el inconsciente, la intuición, el instinto, la sensibilidad, el automatismo, el mamífero o el primate interior. En mi caso personal mi SN es la Sergiedad o el Rufismo, aquello que se encuentra únicamente dentro de mí y que a menudo determina aspectos relevantes de mi forma de ser y de mi toma de decisiones.

También menciono la *vía de arriba* (o *top-down*), la vía descendente o la parte racional, que intenta controlar el SN. Y la *vía superior*, los valores, los principios, o la espiritualidad.

Además, cuando nombro a la **cultura oficial** (el *establishment* o la Máquina en mi libro anterior, *Una Psicología Real*), me refiero en concreto a la «religión de la ciencia» (o cientificismo dogmático), la psicología académica (el paradigma cognitivo-conductual), el *new age* Disney (el pensamiento mágico-positivo simplista), la religión oficial (monista), los medios de comunicación comerciales, la cultura del selfi (el narcisismo-histrionismo o la moda de la hipertransparencia de las redes sociales). En general, me refiero a todo el pensamiento único, oficial y 1.0 que se deriva de los organismos y las prácticas de poder, y que solo les beneficia a ellos.

Siento afinidad filosófica, psicológica y espiritual con la Teoría ACT (Terapia de Aceptación y Compromiso) de Hayes, la Teoría Polivagal de Porges, la Psicosíntesis de Assagioli y los libros de Ferrucci, la tradición Neo-advaita y los libros de Liquorman, y la Metodología de la inteligencia creativa de López Quintás.

Estoy muy agradecido a todos mis **referentes** artísticos por su acompañamiento e inspiración a la hora de aclarar el comportamiento humano, ayudarme a comprender mejor la vida y liberarme del bagaje extra de culpa y vergüenza con el que nos carga la cultura oficial desde el momento en que nacemos.

1. EVOLUCIÓN

Evolucionar significa eliminar.

ERYKAH BADU

Probablemente, mi **rareza** era reconocible desde los albores de mi existencia. Mis primeros días en el vientre de mi madre no debieron de ser sencillos. Seguramente, fui un cigoto raro, un embrión raro, un feto raro. La tendencia tampoco cambió una vez que mi cuerpo atravesó el canal de mi madre y sentí por primera vez la intemperie.

Como bebé, las diferencias cognitivas, emocionales y conductuales respecto a mi hermano, trece meses, mayor que yo, eran bastante obvias. De niño, adolescente, joven y adulto se multiplicaron. Mi hermano resultó ser el hijo bueno, dócil, adaptado y *replicante*. Yo, el hijo malo, rebelde, desadaptado y *evolutivo*.

Nadie de la familia me explicó los posibles **motivos** de mi manifiesta rareza. Fui yo, a través de mi búsqueda personal y mi formación profesional como psicólogo, quien tuvo que ahondar en las causas del comportamiento divergente respecto al resto de la familia. Mi abuela, con la mirada perdida y empapada de lágrimas, recordó que, durante el embarazo de mi hermano, mi madre tenía su carácter **normal**, era alegre, locuaz y animada. Sin embargo, durante mi embarazo parecía **rara**, triste, reservada y abatida.

Cuando nací, mi madre estaba clínicamente deprimida. Se separó de mi padre, regresó a casa de sus padres —mis abuelos— y me dejó a cargo de sus hermanas y hermanos, seis en total. Sin embargo, su estado anímico continuó empeorando. Eran otras épocas, nadie tenía conocimientos de psicología ni del mundo emocional. Apenas se tenían conversaciones profundas, e incluso estaba mal visto mostrar emotividad o **fragilidad** en público.

Mi madre era la hija mayor, ejemplo y devoción de todos. La hija favorita de sus papás, la hermana favorita de sus hermanos, la amiga favorita de sus amigos, la trabajadora más productiva en la empresa. «Era la más inteligente, la más simpática y la más guapa», me repitió su círculo íntimo siendo yo un joven buscador de respuestas.

Durante su enfermedad visitó a varios psiquiatras, fue tratada con diferentes fármacos y siguió varios tratamientos. Llegó a dejar de comer, entró en estado de mutismo crónico y se intentó quitar la vida varias veces. La numerosa familia y los amigos se volcaron en ella. Fue ingresada una temporada en un hospital y a pesar de ello nunca recuperó su estado anímico **natural**.

Una mañana, cuando yo tenía nueve meses, se marchó y nunca más regresó. Durante quince días estuvo desaparecida y fue buscada por familia, amigos, conocidos y policía. Hasta que Linda, la perra de la familia, descubrió su cuerpo sin vida en la azotea del edificio donde vivían. En todo ese tiempo, estuvo tan cerca y tan lejos.

Durante más de dos años, mi hermano y yo vivimos en la casa de mi familia materna. Nos quedamos sin mamá y la familia se quedó emocionalmente destrozada. Sin embargo, teníamos cuatro tías y una abuela que intentaron cumplir con las funciones maternales. Nutrirnos con seguridad, protección, atención y cariño. Esa parte de mi familia conforma una estructura afectiva marcadamente unida. Individualmente son personas amables, serviciales, dedicadas, permisivas y respetuosas.

El segundo **trauma** lo experimenté cuando tenía poco más de dos años. Una tarde de verano, mi padre nos vino a buscar a mi hermano y a mí y nos mudamos definitivamente a su casa con su nueva esposa (mi madrastra). De la noche a la mañana pasamos de vivir en un entorno familiar permisivo, cálido y calmado a otro represivo, frío y tenso.

Tiene lógica que, por aquella época, con tanta herida emocional abierta a cuestas, mi conducta comenzara a ser algo extraña en comparación a la de otros niños de mi edad. En el parvulario, los profesores ya anotaban la **diferencia** entre mis altas aptitudes y mis bajas actitudes. «Abusa de la confianza», «Abusa del poder», «Distrae a la clase».

En aquella época, la psicología en España estaba verde. Era considerada un ámbito de conocimiento de segunda clase.

Igual que mi madre murió por falta de conocimiento, **comprensión** y comunicación, y por exceso de vergüenza y culpabilización. Yo también inicié los pasos en una época donde el mundo interior era un lugar prohibido, el sentimiento era un cuento chino, la profundidad psicológica era síntoma de desequilibrio y la única forma validada de gestión emocional era la represión y el silencio.

Es importante conocer nuestro punto de **partida**, reconocer la línea base desde la que empezamos en esta vida. Antes era negado, pero actualmente, la neurociencia confirma que la salud mental de la madre durante el embarazo repercute directamente en la salud mental del bebé. Igual que posteriormente, la crianza también afecta al desarrollo psicológico del niño.

Probablemente, me desarrollé en un líquido amniótico frío e **inseguro**. Quizá la placenta no me pasó en cantidad o calidad los nutrientes necesarios. Tal vez el cordón umbilical que me unía a mi madre estaba algo endeble y fragmentado.

Somos el producto de unas condiciones perinatales, de un tipo de apego maternal, de un estilo de crianza, de un clima emocional en el **hogar**. Somos hijos de un contexto familiar, de unas condiciones genéticas y ambientales que no elegimos voluntaria ni racionalmente y con las que debemos lidiar el resto de nuestra vida. Son marcas y heridas de nacimiento.

Si fui hijo del cortisol, era natural que de noche llorara más, que fuese más revoltoso, que me agobiara fácilmente, que diera más la nota, que me peleara más, que fuese bruto, que tuviese un nivel de energía alto. De aquellos vientos, estas **tempestades**.

Fui un niño impulsivo. Hacía sin pensar, sentía sin palabras, mis vísceras iban dos pasos por delante de mis pensamientos. Fui engendrado por la tragedia y mi infancia y adolescencia estuvieron llenas de tensión e intensidad.[1]

Gracias a Dios, la vida me ha permitido dedicarme durante los últimos veinticinco años al ámbito de la psicología. Como docente e investigador en la universidad primero, como psicoterapeuta individual y grupal después. He trabajado a nivel psicológico, emocional y espiritual con miles de personas de múltiples países y culturas.

He llegado a la conclusión de que muy poca gente viene de una familia realmente estructurada, con relaciones paterno-filiales basadas en el **apego seguro**. Mi historia no es más dramática que la del cincuenta por ciento de la población mundial como mínimo. Conozco a poca gente con una infancia plenamente feliz. Hay mucho mito y romantización, mucho silencio y secretismo. Mucha fachada y cuento de hadas que no corresponde a la realidad cotidiana.

Si tapamos o hacemos la vista gorda a las **causas** y condiciones que nos forjaron, las confundiremos con las consecuencias y nos culpabilizaremos por nuestro estado actual.

Solo el fondo del pozo sabe la verdad, y para liberar lentamente la culpa y la vergüenza heredadas hace falta practicar la **espeleología biográfica**. Aunque las raíces sean invisibles como lo es el tiempo pasado, es primordial conocer la calidad del terreno dónde se plantó la **semilla** de nuestro árbol. Y también el ambiente climá-

1. Para conocer más detalles, puedes leer *Una Psicología Real.*

tico dónde creció, para comprender el tipo y la calidad de su ramaje, follaje y frutos.

Con los padres que hemos tenido, su escasa educación emocional, sus personalidades límites, sus **traumas** intactos, sus conflictos no resueltos y sus trastornos y adicciones. Con la alimentación infantil basada en azúcar refinado, leche procesada y grasas transgénicas, podemos dar las gracias por estar vivos de milagro.

Es todo eso que no elegimos lo que conformó nuestro SN, nuestro sistema inmune y todos los otros sistemas básicos para nuestro funcionamiento físico y psicológico. En lugar de una cuna, parece que hayamos crecido en las trincheras. No es exagerado reconocer que bastante bien estamos con todo lo que hemos vivido. La verdad es que faltan padres y sobran hijos.

Nuestro organismo cuerpo-mente lo conforma una parte inconsciente y otra consciente.

Conscientemente, puedo afirmar que soy Sergi Rufi. Tanto por mi propia observación y experiencia directa como por la experiencia de comparación e información de otras personas, puedo conocerme y **comprenderme** mejor. Sin embargo, observar, conocer y comprenderme no es sinónimo de elegir, **decidir** y actuar voluntariamente.

Puedo observar el latido de mi corazón, sentir el ritmo de mi respiración, un repentino pinchazo en el intestino, el olor de mi axila, el sabor de mi lengua en un momento dado. Aunque no puedo hacer que mi corazón lata a mi gusto, controlar todo el rato la tasa respiratoria, que me deje de doler el aparato digestivo cuando quiera o cambiar mi olor corporal puntual mediante la orden voluntaria de un pensamiento concreto.

También existe otra parte inconsciente y profunda, un cerebro ancestral que rige los procesos neuro-fisológicos de mi organismo cuerpo-mente. Esa parte profunda gobierna el metabolismo corporal, emocional y cognitivo. La mayoría de nuestros procesos biológicos son **autónomos** e independientes de nuestra razón, como también lo son la mayoría de nuestros pensamientos, emociones e imágenes mentales. Aparecen y desaparecen automáticamente en el fondo de nuestra atención. Sergi Rufi puede hacer poco para evitar su vaivén inconsciente.

A ese conjunto de sistemas inconscientes y automáticos (sistema nervioso central y periférico —simpático y parasimpático—, sistema inmunológico, sistema endocrino, etcétera) es lo que llamo la **Sergiedad**. Soy consciente de que Sergi Rufi (mi parte consciente) no ha elegido voluntaria y racionalmente la Sergiedad. Más bien Sergi Rufi es reflejo, consecuencia y resultado del conjunto de respuestas condicionadas genética y ambientalmente de la Sergiedad, la cual le precede, ya que comenzó a formarse nueve meses antes de aparecer Sergi Rufi en escena oficialmente un 29 de mayo.

Conozco el impacto que la **Victoriedad**, la parte inconsciente de mi madre (Victoria), tuvo sobre la Sergiedad durante mi gestación y primeros meses de vida hasta su desaparición y su posterior ausencia.

Además, una vez nacido, los encuentros y desencuentros con mis figuras de cuidado, su dispar estilo de apego y educativo, los traumas familiares, la escuela y los profesores, los primeros compañeros y amigos, también tuvieron una influencia directa en cómo la Sergiedad aprendió a responder a las situaciones agradables y desagradables del entorno.

Es decir, yo, Sergi Rufi, soy un producto no elegido del **Rufismo** —las virtudes y limitaciones, tradiciones y traumas de mi lado maternal, la familia Rufi— y del **Canismo** —lo mismo en mi lado paternal, la familia Cano—. Es importante que Sergi Rufi conozca lo máximo posible a la Sergiedad. Cómo creció, qué le pasó, de dónde viene, qué ha vivido, dónde se ha roto. Es imprescindible que comprenda que la mayoría de los castigos, rechazos y humillaciones que vivió fueron debido a las tendencias inconscientes de la Sergiedad.

Que el ser humano y, sobre todo, los más **sensibles**, vivimos la vida en modo marcadamente *bottom-up* (como explico en *Una Psicología Real*). Que nadie nunca ha decidido conscientemente su temperamento, inclinaciones, gustos y preferencias. Todo se generó desde la parte inconsciente, la cual no pudimos moldear a nuestro antojo. Es la consecuencia de muchos elementos de los que podemos tener alguna pista, pero cuya mayoría desconocemos al detalle.

Es importante que Sergi Rufi conozca a la Sergiedad lo máximo posible, trate de modificar lo que pueda y lo que no pueda, que trate de aceptarlo. Es necesario hacer las paces, darle cariño y dejar de luchar contra lo inevitable. Aprender a colocarnos a favor del viento y no en contra, tener ganas de ser quien uno es, y no remar en contra de nuestros instintos e intuiciones.

Es la Sergiedad la que decide cuándo ponerme un jersey porque hace frío, cuándo irme a la cama porque tengo sueño, cuándo reflexionar sobre un pensamiento y cuándo no, cuándo salir a caminar y cuándo tumbarme en el sofá.

SI VIVIMOS CONECTADOS A NUESTRO INSTINTO,
SENTIMIENTOS, INTUICIONES Y PRINCIPIOS,
LA VIDA NO NOS PUEDE SALIR DEMASIADO MAL.

Aunque se necesite de un proceso de **liberación** de la culpa y de un reaprendizaje.

La psicología académica, que bebe de la matemática y la filosofía racionalista, promueve la idea del libre albedrío, heredada de la religión oficial. Y culpabiliza a nuestra forma natural —y automática— de ser por ser diferente. Nos quieren insensibles, infantiles, poco reflexivos, atemorizados, seguidores, superficiales. Y al no encajar en el **molde** oficial, nos han avergonzado.

Por lo tanto, Sergi Rufi es un reflejo de la Sergiedad y no al revés. Sergi Rufi no tuvo la culpa de las **condiciones** de su nacimiento y crianza, que le hacen ser como es. Sergi Rufi se responsabiliza de las consecuencias de sus acciones cuando afectan a los demás, pero no se siente culpable por ser como es.

Igual que no me siento culpable por no sintetizar una enzima digestiva, me viene de serie, tampoco lo soy por mi temperamento, carácter y personalidad. Me conozco, me **comprendo**, intento modificar cosas y acepto lo que no puedo cambiar. Con esta manera más precisa y preciosa de vivirme, me he quitado toneladas de culpa y vergüenza. Me **permito** sentir lo que siento, me abro a la vida y a las experiencias internas. Así he tirado la toalla tratando de ser alguien que nunca fui ni podré ser jamás.

Por último, con el paso del tiempo voy experimentando un poco más la **unidad** original del cuerpo y la mente. Sergi Rufi es solo una consecuencia y se va haciendo más amigo de la **Sergiedad**.

Hay cuatro **modos** de vivir la vida:

- El modo 1, la fusión familiar. Nos sentimos vinculados al hogar familiar, vivimos tranquilos, seguros y fusionados a la familia. Seguimos al dedillo las reglas y los dictados de la unidad familiar a la que pertenecemos. Copiamos naturalmente sus tendencias, políticas, gustos, preferencias y tradiciones. Somos un apéndice del organismo, una pieza más del engranaje familiar.
- El modo 2, la vergüenza y culpa familiar. Seguimos los dictados y reglas de nuestra familia, aunque sentimos cierto conflicto de intereses y en el fondo vivimos limitados, incompletos y frustrados. Tenemos la percepción de vivir a medio gas, obligados, con una sensación de fondo de carencia, incompletitud e inercia estéril.
- El modo 3, la vergüenza y culpa individual. Nos hemos apartado de los dictados y reglas familiares, vivimos al margen del núcleo, separados, siguiendo nuestro propio ritmo, aunque por ello pagamos el precio de tener sentimientos de resentimiento, culpa e inadecuación personal. Sentimos resistencias

familiares en nuestro camino, ser la oveja negra o el renglón torcido de la familia nos pesa.

- El modo 4, el camino individual. Vivimos de-fusionados del sistema familiar. Hemos adquirido autonomía y protagonismo con nuestro movimiento propio, nuestro camino personal, con sentido y convencimiento. Nos hemos distanciado, aunque no separado de la familia, y llevamos un camino fértil de crecimiento, encuentro y aprendizaje.

Kant afirmó que no vemos las cosas como son sino como somos. Personalmente, creo que no las vemos como somos sino *como estamos en cada momento*. Ya que estamos vivos y, por lo tanto, somos dinámicos, estamos en constante movimiento interno.

Todos experimentamos, interpretamos y decidimos según nuestros **estados emocionales**. Depende de cómo nos sintamos en un momento concreto, veremos la vida de una manera u otra. Si me siento eufórico, alegre o satisfecho, me sentiré más capaz, inspirado y unido a la gente y al flujo de la vida. Si me siento triste, cansado o frustrado, me sentiré más incapaz, desanimado y separado de las personas y del **ritmo** de la vida.

Podemos diferenciar la intensidad de estos estados internos en tres grandes colores: rojo, ámbar y verde.

- El color **rojo** representaría un nivel de intensidad muy alto que incluye la fusión emocional, la hiperactivación, la somatización, el desborde, la desregulación y una alta sensación de amenaza y preocupación por alguna situación concreta.
- El **ámbar** significaría un estado de intensidad medio, donde percibimos cierto «distanciamiento emocional» respecto a la situación, aunque dicha sensación, aun siendo incómoda, se vive de forma más dinámica y resulta más gestionable.

❖ El **verde** equivaldría a un estado interno de calma, regulación y distanciamiento cómodo respecto a los hechos. En verde hemos recuperado el centro, la perspectiva completa y podemos analizar con más serenidad los hechos.

Podríamos subdividir más esta escala y hacerla más útil y ajustada a nuestra experiencia cotidiana. Es más realista distinguir **cinco** modalidades cromáticas que van de mayor a menor intensidad emocional experimentada. El rojo, rojo-ámbar, ámbar, ámbar-verde y verde.

En un extremo, el rojo representaría la expresión más angustiosa de cualquier emoción desagradable, ya sea tristeza, rabia, miedo, culpa, vergüenza, frustración, impotencia, etcétera. El verde representaría la calma, tranquilidad, seguridad, comodidad, sensación de liberación emocional y saciedad.

Los **colores** funcionan de manera más rápida y sencilla a la hora de conectar y comprender nuestro estado interno. También para poderlo explicar y compartir con otras personas. Es más eficaz que otras descripciones porque es difícil encontrar la palabra adecuada cuando estamos en un estado de activación alta. También porque la comunicación con nuestra parte inconsciente fluye mejor mediante símbolos, imágenes y colores.

Además, al nombrar colores evitamos la hiperobservación y el hiperanálisis, que aumentan nuestra tensión psicológica. Utilizar descripciones complejas puede añadir más reflexión y, por lo tanto, más fusión, debido al estado de rumiación que intensifica el malestar psicológico.

Es importante soltar la idea de que si la vida no es de color verde es porque algo malo estoy haciendo. Si somos sensibles, reflexivos y honestos, nuestro **semáforo** interior se encontrará en constante cambio. La vida rosa no existe.

Quizá cuando estemos tumbados, descansando, desconectados de aparatos digitales, haciendo actividades con las que nos sentimos cien por cien reconectados, realizados y descansados. A menudo cerca de la naturaleza o los animales, o cuando saboreamos o disfrutamos de los pequeños placeres de la vida. Aunque en general la vida es **ambarada**, incluye tensiones, retos, sustos, resistencias y obstáculos.

Por otro lado, el rojo es un estado difícil de capear por mucho tiempo. Aunque ni vivir aislados en la naturaleza, en una isla desierta, con nuestra amante o tumbados en una hamaca nos blinda de obstáculos y nos garantiza que permanezcamos en verde. La convivencia, la interacción, el propio diseño de la vida humana y el cableado de nuestro cerebro, las respuestas inconscientes del SN, nos impelen a un constante tránsito por nuestro semáforo interno.

No hay semáforos de un solo color fijo, igual que no se puede vivir en un solo estado.

Por último, podríamos afirmar tres cosas. La vida que merece la pena incluye cierta dosis de riesgo y de calma, y por lo tanto es **ambarada**. La tonalidad verde-ambar sería un estado natural realista y alcanzable por todos. El rojo debería ser un estado de activación puntual de alarma, de paso, del que deberíamos poder salir calmadamente y no quedarnos durante mucho tiempo. Para ello necesitamos conocernos y comprendernos mejor para colocarnos en situaciones que favorezcan de manera natural el funcionamiento óptimo de nuestro SN.

Hay dos tendencias básicas a la hora de relacionarnos con el mundo: replicándolo o evolucionándolo.

La persona **replicante**, o mentalidad 1.0 (según UPR),[2] tiene tendencia a replicar y conservar los patrones y conductas psicosociales automáticos. Está bien adaptada a la cultura oficial y a la vida convencional. Manifiesta una tendencia general a la **conformidad** con la norma, la linealidad, la integración, la practicidad, la tradición, lo estándar, la constancia, la moda, la racionalidad (no reflexiva). El *replicante* es un espejo que repite la imagen oficial y **replica** el mundo. Está cerrado a la novedad, no se come la cabeza y sigue

2. *Una Psicología Real.*

rutinas fijas que no cambian. Vive en aparente orden, con el rigor de la repetición y la seguridad cognitivas. Para el *replicante* hay malos y buenos, los indios y los vaqueros.

La persona **evolutiva**, o mentalidad 2.0-3.0 (según UPR), tiene tendencia a cuestionar y renovar los patrones y conductas psicosociales automáticos. Vive incómoda el molde oficial y la vida estándar. Muestra una tendencia general a la excepción, al **cuestionamiento**, la inadaptación, la intermitencia, el pensamiento circular, lo extravagante, la intensidad emocional. Es más crítico, introspectivo, menos predecible. El *evolutivo* es esponja y martillo, es curioso, emotivo e inquieto, le atraen la **novedad** y el cambio. Para el *evolutivo*, lo bueno y lo malo son relativos, dependen de la perspectiva, de los valores y del estado de ánimo. Ambos extremos conviven en uno mismo.

En realidad, ambas funciones son necesarias para el mantenimiento y la buena salud de la civilización. Ninguna de las dos es mejor o está por encima en cuestión de importancia respecto a la otra. A nivel especulativo, se podría afirmar que el ochenta por ciento de la población mundial es *replicante* y el veinte restante, *evolutiva*. Y el problema está en esa diferencia.

Todos albergamos ambos **impulsos** dentro de nosotros. Se trata de un *movimiento* vivo que se va activando a lo largo del tiempo, según el ámbito en el que nos encontremos (trabajo, familia, amigos, pareja, etcétera) y el *momento* vital de cada uno (infancia, adolescencia, juventud, adulto y vejez).

Ambas **tendencias** se pueden ver como unas lentes invisibles a través de las cuales percibimos e interpretamos la realidad y actuamos a partir de ellas. Ambas lentes se diferencian en el grado de profundidad, sensibilidad y conciencia.

Una persona *replicante* es entrenador de delfines y trabaja con ellos en acuarios. Los alimenta, acaricia y entrena para que realicen los mejores trucos en los espectáculos. Por el contrario, una persona *evolutiva* amante de los delfines los libera de la cautividad y los devuelve a su hogar, el océano. Ambos se definen como amantes de los delfines.

Una persona *replicante* trabaja en la industria del armamento porque cree que la tecnología de la guerra sirve para defender al país y garantizar el orden mundial. Una persona *evolutiva* rechaza participar en la industria armamentística porque declara guerras, crea muertes y miseria. Ambos creen en la paz y en la dignidad humana.

Es cuestión de la perspectiva y del ángulo desde donde se analizan las cuestiones y del nivel de profundidad desde el que se vive la vida.

Por último, las personas **replicantes** viven la vida de manera **fija** según los modos 1 o 2, mientras que las personas **evolutivas** viven los cuatro modos de vida como *fases cambiantes*, pasando del modo 1 al 4 a lo largo de la vida a través de un proceso de transformación natural y orgánico.

Es importante recordar que nadie elige de manera racional y voluntaria su tendencia natural ni el modo en el que vive la vida. Las diferencias **ocurren** y suceden espontáneamente como resultado de la interacción entre la influencia genética y los aprendizajes ambientales.

En general, nuestro nivel de comprensión no depende de una decisión consciente. No hay que apretar un interruptor para que se encienda la bombilla. La propia mirada se amplía sola, cuando toca. A unos les ocurre en la cuna, a otros de camino al cementerio.

2.
CONTROL

Es más fácil engañar a alguien que convencerle de que ha sido engañado.

MARK TWAIN

La palabra **cambio** genera ilusión, motivación y esperanza. Los publicistas conocen bien su fuerza sugestiva; los políticos, su poder persuasor. En la campaña electoral de las últimas elecciones municipales en España., debajo de la foto de los principales candidatos aparecían los siguientes eslóganes: «Vota cambio», «El cambio que te mereces», «El cambio que necesitas», «El cambio de verdad». Por muy opuestos que fueran sus programas políticos, todos utilizaban la misma frase propagandística, aunque en lo básico no hubo cambio y todo siguió igual.

La palabra «cambio» es un concepto talismán, como diría el filósofo Alfonso López Quintás. La venden como elixir para todos los males, como solución a todos los problemas. A los seres humanos la idea de poder cambiar a voluntad nos ha atraído, seducido, motivado, fascinado y atrapado desde la noche de los tiempos.

En el ámbito de la psicología y la espiritualidad ocurre lo mismo. Yo empecé a meditar en el 2005, tras leer una entrevista a un meditador de largo recorrido donde afirmaba que meditar dos veces al día durante veinte minutos creaba cambios profundos en la personalidad. ¿Y quién está satisfecho con su forma de ser? ¿A quién no le han hecho sentir vergüenza por su forma de ver el mundo o de hacer las cosas? ¿Quién no desea ensanchar sus limitaciones y pulir sus excesos? ¿A quién no le atrae la promesa de una vida equilibrada, calmada y ecuánime? Efectivamente, la meditación y el yoga se venden como otra panacea, otra solución omnipotente, hasta el punto de que sus practicantes desarrollan una suerte de superioridad moral sobre quienes no practican.

Prometer el cambio de manera general, constante y sostenible a largo plazo es un reclamo publicitario que nos atrapa. La motivación de cambio interno arrastra a media humanidad generando grandes fantasías en el inconsciente colectivo. Se trata de expectativas tóxicas porque nunca las alcanzaremos del todo, siempre habrá distancia entre lo que soy y lo que me gustaría ser. Porque se trata de un ideal, de una idea romántica e inabarcable en un plano realista. El **cambio** es la gallina de los huevos de oro de la publicidad, la zanahoria que hechiza al prisionero moderno. Es el lubricante que nos moviliza y nos hace constantemente esforzarnos en aras de transformarnos, modificarnos y mantener viva la llama del crecimiento incesante.

Venden la excepción por la regla. ¿Y si me pasara a mí? ¿Y si me tocara a mí la lotería? ¿Y si me iluminara yo? Es el mismo principio de la apuesta que nos lleva a la compulsión y a la ludopatía. Lo mismo que los bitcoins, las mismas promesas de riqueza fácil y finales felices.

Es cierto que tenemos margen de maniobra y podemos cambiar ciertos aspectos en el plano físico-material. Por ejemplo, podemos cambiar la forma de cejas y pestañas, cambiar con maquillaje el color de la piel, teñir el color de pelo, perder o ganar peso, tonificar el cuerpo, modificar la altura (con tacones y alzas), transformar nuestro aspecto con tatuajes. También podemos cambiar de coche, de casa, de trabajo, de lugar de residencia y de pareja. Sin embargo, en el plano psicológico no es tan sencillo. Nuestra forma de ser es un reflejo de nuestro SN y de los demás sistemas biológicos (endocrino, inmunológico, digestivo, etcétera), que se han visto influidos por múltiples acontecimientos genéticos y ambientales (vivencias y aprendizajes) del pasado y siguen siendo mediados por muchos fenómenos en el presente.

Es decir, por mucho que me empeñe yo, Sergi Rufi, no puedo moldear la **Sergiedad** a mi antojo. Todavía no llevamos implantes o microchips con los que controlar y alterar nuestras funciones vitales a placer. Todavía no somos robots. Tenemos un molde cuyo potencial y limitación está bastante marcado. Una forma de ser acentuada que casi «nos vive a nosotros». Es cierto también que a lo largo de la vida iremos cambiando (es ley de vida) y que si realizamos un trabajo psicológico óptimo es posible liberarnos de tensiones enquistadas y emociones estancadas, cerrar duelos cronificados y ventilar traumas del pasado. Hay un margen de transformación en la manera en que nos sentimos. Hay aspectos que podemos cambiar y otras que, sencillamente, no podremos.

Un protón no puede tener una carga eléctrica negativa, la gravedad no puede empujarnos hacia arriba. Un pez no puede volar, un gato no puede ladrar. Un ciruelo no puede dar almendras. Igualmente, no podemos hacer que un televisor lave la ropa como si fuera una lavadora, ni que nazcan flores de la superficie de una piedra.

Del mismo modo, cada uno de nosotros somos diferentes y tenemos un número limitado de funciones que podemos realizar de manera óptima. Disponemos de un abanico determinado de vocaciones, talentos (y limitaciones) a desarrollar. Tenemos unas tendencias e inclinaciones marcadas, y no otras.

Por mucho ejercicio, cambio de dieta, de sistema de creencias, de técnicas de meditación que empleemos; por mucho que la cultura oficial nos presione para cambiar nuestra apariencia, forma de ser y nuestra alma, a largo plazo solo lograrán tensarnos y estresarnos más. No podemos ir contra las leyes de la física, la química y la biología humana.

A pesar de ello, muchos gurús siguen el principio publicitario de los políticos. Venden libros, realizan talleres y conferencias bajo la rutilante promesa de la **reinvención**. De hacer el cambio radical que destierre para siempre esa sensación de mediocridad y aburrimiento de fondo.

Personalmente, miles de clientes después, no conozco a nadie que haya logrado reinventarse. Muchos han dejado el peso emocional del pasado atrás, han aprendido a caminar de manera más ligera en el presente y se han abierto a seguir evolucionando.

En cuanto a la profesión, he conocido a un número limitado de gente que ha cambiado radicalmente. Un ingeniero que ha dejado la oficina para trabajar el campo, un economista que ha cambiado el Excel por los pinceles y los cuadros.

Sin embargo, la idea de reinvención como un cambio psicológico de trescientos sesenta grados, un antes y un después, un borrón y cuenta nueva que algunos autores predican me parece un caramelo envenenado. Una ilusión que nos entra como una bocanada de aire fresco, como un dulce sueño, como una bella utopía que nos mete en una distópica pesadilla y de la que salimos sudando la gota gorda.

Y, sobre todo, con el amargo regusto del «podría hacer más» y el «debería conseguir más» que señala el «todo el mundo parece lograrlo, menos yo» y el «algo malo hay en mí». De nuevo la promesa publicitaria que con el paso del tiempo deviene en más impotencia, frustración y sentimiento de culpa.

El virus de la **autosuficiencia** está por todas partes. Mostrarse digno es loable, mostrarse siempre impecable es deleznable. Ocurre hasta entre las personas sin techo. En San Francisco te daban lecciones verbales sobre la felicidad antes de pedirte unas monedas.

En el centro de Barcelona es célebre un hombre con una tremenda malformación física que lo hace malvivir sin piernas. El hombre es digno porque no pide dinero, extiende frente a sí un pañuelo con sus pequeños elefantes de madera tallados por él mismo. Cuando le vas a dar una moneda te da el objeto; si le dices que no hace falta, se ofende y se molesta.

Él cree en el intercambio igual y entre iguales, no en la ayuda. Estos casos son extremos, y ciertamente es admirable que la gente con vidas extremas sepa mantener su dignidad como ser humano.

Seguramente, la gente que los tenía que cuidar les causó mucho daño. No confían en la gente, en su bondad, en su honestidad.

El problema es que en la mayoría de los casos ese gesto de autosuficiencia, de hermetismo emocional, de «estar saciado» y no necesitar nada, es un postín que refuerza la soledad y el desamparo.

NECESITAMOS APRENDER A PEDIR AYUDA Y A DEJARNOS AYUDAR. NECESITAMOS CONECTAR CON LA SENSIBILIDAD, CON LA HERIDA, Y UNIRNOS DESDE AHÍ CON EL RESTO DE LA HUMANIDAD.

Necesitamos aprender a confiar más y a dejarnos acompañar. Cualquier trastorno nace de la separación. Nuestro sistema nervioso necesita conectar con otros iguales. Necesita reparar los vínculos rotos, necesita establecer intimidad, resintonizar y poder descansar en la seguridad de que no nos van a volver a hacer daño.

Algunos han nacido con la mano convexa, no saben pedir ni recibir ayuda. No se les puede dar nada sin que se sientan avergonzados por el fracaso de «depender» de otros.

Para sentirnos seguros, mentalmente sanos, confiados y abiertos a las experiencias es fundamental conservar una cierta sensación de **control** interno y externo. La percepción de que puedo gestionar lo que siento y pienso, y que puedo resolver los problemas conforme van llegando.

Hasta cierto punto, es saludable mantener la ilusión de que yo (y solo yo), Sergi Rufi, soy el capitán mi barco, que soy yo (y solo yo) quien pilota la Sergiedad. Sin embargo, si soy humilde y preciso en el análisis, debo reconocer que mis éxitos y fracasos personales dependen más de la Sergiedad que de mí mismo. Y, sobre todo, mucho más de lo que a Sergi Rufi le gustaría.

Es decir, mi camino y destino, más o menos rectos o tortuosos, dependen más de «aquello en mí» que es autónomo e inconsciente (la Sergiedad), que es previo y subyace a mi conciencia y voluntad racionales (Sergi Rufi), y también de las situaciones que me presenta la propia vida. Un simple hecho vale más que mil pensamientos.

La verdad es que mi dirección vital está relacionada con mis decisiones y acciones, las cuales están relacionadas directamente con mi coeficiente intelectual, estado y capacidad de gestión emocional, grado de autoconocimiento, actitudes y limitaciones. Y no recuerdo haber elegido conscientemente nada de eso. También depende del momento y del contexto en el que me mueva.

Puedo ser un erudito en ingeniería civil, dominar varias lenguas y sumar más de una década de experiencia laboral en empresas punteras de Estados Unidos, Reino Unido y Australia y, a pesar de eso, no lograr pasar el corte de la primera entrevista en aquella oferta laboral que me encajaba como un guante.

Sin embargo, el resultado no invalida la valoración anterior, solo que es incompleta, ya que no considera otros muchos elementos incontrolables y desconocidos que influyen en el resultado. Como, por ejemplo, que a la entrevistadora le recordara a su expareja y no le cayera bien. Que hubiera otros candidatos con mejores perfiles e incluso candidatos con peor cualificación, pero que encajaran mejor en la filosofía de la empresa.

A la ciencia oficial le encanta expandir la noción de que posee el monopolio de la verdad. Su diagnóstico, tratamiento y pronóstico mediante teorías, hipótesis, remedios y conclusiones son infalibles. Y si la predicción falla no es un error de planteamiento, o del protocolo, sino culpa del individuo. La ciencia oficial nunca se disculpa.

Igualmente, todos tendemos a obviar parte de nuestros fallos para evitar la cruda certeza de que, en realidad, solo podemos tener la sensación de controlar un poco el presente y muy poco el futuro. Era un padre joven y alegre y se lo llevó un ictus. Era el atleta favorito para ganar el torneo y se torció el tobillo. La novia parecía muy enamorada y dejó al novio plantado en el altar. El CEO se quedó en blanco en la reunión anual de la fundación y fue degradado a director. El joven suicida despertó de la que era su última mañana y descubrió que le había tocado la lotería.

Además, nos puede pasar el pensamiento de hacer algo, e incluso pensarlo voluntariamente, y jamás hacerlo. Podemos pensar que nunca haremos algo y de repente vernos haciéndolo. Podemos ponerle una equis a alguien y acabar convirtiéndonos en buenos amigos. Podemos desear algo con toda nuestra fuerza y nunca lograrlo. Podemos lograr algo, sin haberlo merecido. Podemos merecerlo y, además, lograrlo. Podemos decidir algo y nunca hacerlo. Podemos decidir nunca más hacer algo y acabar repitiéndolo.

El SN es una maquinaria indescifrable que no solo influye en nuestros pensamientos, emociones y conductas, sino que los produce y dirige. Es un universo influido por múltiples variables y muchas veces impredecible, y está conectado a otros universos. Aunque a veces las acciones y reacciones que se derivan de él sean menos chocantes que las sorpresas y sustos que nos depara la propia vida.

¿Quién no conoce el caso del que trabajó toda su vida a destajo para poder disfrutar de la jubilación y al poco de jubilarse murió de un accidente, un ataque al corazón o un cáncer? ¿Tenemos todo realmente tan controlado como creemos en el fondo? ¿Somos libres de elegir en cada instante cómo sentirnos?

Recuerdo gratamente las vacaciones de verano cuando era niño. Tres meses lejos de la escuela y de la ciudad. Instalados en un pueblecito de la costa, a diez metros de la orilla del mar. Gozando de mayor libertad de movimientos sin ser monitorizado constantemente por padres o profesores. Los días enteros con la pandilla, repletos de aventuras, descubrimientos y aprendizajes que hacían que el tiempo pasara volando.

Hay un verano que recuerdo especialmente, cuando empezamos a movernos en bicicleta y yo estaba exultante por estrenar una nueva amarilla y roja tipo trial. También recuerdo el momento y lugar donde se me acercaron el grupo de las niñas y cómo una me advirtió con desprecio: «Sé de alguien que se va a pasar el verano solo con su bicicleta nueva, jajaja».

Aquella advertencia se me clavó como un puñal en el corazón. Empezaba el verano y yo había visualizado otra temporada épica con mi nueva bicicleta, lejos de casa, corriendo por los campos, robando melones y uvas con la pandilla. Y de nuevo sentía cómo mis expectativas se iban a dar de bruces.

Emergían los fantasmas del rechazo y del abandono insuflados por mi familia y profesores. La consiguiente soledad y los sentimientos de culpa y vergüenza aparecían de nuevo. Otra vez había hecho algo malo y debía pagar por ello. Como de costumbre, ignoraba de qué se trataba en concreto, pero no merecía tener lo que el resto tenía.

La sensación de ser apartado por la autoridad o por el propio grupo fue una constante hasta mi primera juventud. La horrible sensación de vivir huérfano, exiliado y, en el fondo, no pertenecer a nada respetable. La constante confusión de no saber bien en qué había *fallado* y de sentirme incapaz de hacer *bien* las cosas. La certeza de ser un paria sin escrúpulos, un raro sin remedio.

Luego fueron los chicos de la pandilla de verano los que me advirtieron de que si seguía así no irían más conmigo. A los quince años bebíamos alcohol y nos iniciábamos en el consumo de drogas blandas. De noche, con la conciencia torcida, buscaba pelea a todas horas. Era algo que no podía evitar, e incluso me gustaba. Aunque no fuera aceptado y no encajara en el criterio y la moral del resto. Todo esto confirmaba la idea que habitaba en mí desde que tenía uso de razón. Había algo malo en mí que debía cambiar, pero nadie me decía exactamente qué era. Ni por qué era yo así de provocador y reactivo, y menos aún cómo cambiarlo.

Para la psicología oficial, transformando nuestros pensamientos presentes podemos cambiar nuestros sentimientos y acciones presentes. Es lo que ya intentaron hacer nuestros padres y profesores de niños: cambiar nuestra manera de ser para encajar en el molde de lo correcto, deseable y esperado.

Sin embargo, como seguramente ya experimentaron nuestros padres y profesores, muchos de nuestros pensamientos y de nuestra forma de ser son inmutables. La Sergiedad es un producto del pasado, de una historia personal, y la mayoría de los pensamientos son automatismos que reflejan tendencias de mi temperamento y aprendizajes inconscientes.

Sergi Rufi estaba condicionado a los tres meses, a los nueve, a los veintiún y a los cuarenta años. Es cierto que puedo cambiar parte de mis pensamientos. Sin embargo, muchos de ellos nacen de cicatrices y son parte de mi estructura de personalidad. Al igual que mi color de ojos y mi estatura, por ejemplo, son parte de mi estructura física.

¿Por qué te metes en problemas? ¿Por qué te hablas mal? ¿Por qué temes lo que te gusta? ¿Por qué odias lo que tanto te atrae? ¿Por qué te apetece esa comida que te sienta mal?

Nuestra mente inconsciente es el eco presente de la voz de nuestros padres. El tono de la voz interna que nos habla diariamente y el contenido de sus mensajes están llenos de reproche, amenaza, sustos, reglas y normas rígidas.

En general, nuestros padres han querido lo mejor para nosotros, pero han carecido de nociones de psicología (**REAL**), de pedagogía y de educación, y el amor que han mostrado ha sido, en muchos casos, intermitente, desordenado, tenso y caótico.

A menudo, nos han castigado por nuestros dones y nos han premiado por nuestras salidas de tono. Nos han ninguneado logros y aplaudido sinrazones. No nos han hablado cálidamente, no han pasado tiempo de calidad y de encuentro profundo con nosotros. Así es cómo nuestra mente de adultos interacciona con nosotros.

Originalmente, la Sergiedad trataba a Sergi Rufi igual que le trataba su padre (y Sergi Rufi a la Sergiedad): de manera autoritaria y despectiva, y también así trataba a otra gente. La cadena de tensión y desencuentros la recibimos de nuestros padres, y trasladamos sus eslabones a la mayoría de las relaciones en el presente.

Hasta que hacemos un trabajo interior profundo, unos pasos hacia atrás y unos metros hacia dentro, replicamos en el presente la desdicha cosechada en el pasado. Mala suerte, malas decisiones, acciones reprobables, voces que nos boicotean. Todo señala al origen, a la primera tirada de peonza.

En realidad, el trabajo es con nuestro propio sistema nervioso, no con nuestros padres físicos. Ellos no tienen que cambiar, o al menos no directamente porque se lo digamos nosotros. Somos nosotros quienes debemos aprender a relacionarnos de manera más adaptativa con nosotros mismos.

Liberar la tensión de los duelos y traumas cronificados. No somos los psicólogos ni consejeros de nuestros padres. Aquí y ahora, si no he realizado ningún trabajo interior, tengo intactos a mis padres en mi mente. Rastrea el tono de tu hogar infantil a través del tono de tus pensamientos.

En la cultura oficial, la prisa es la dinámica relacional que salpica las interacciones. La venta de resultados y cambios rápidos nutre a los de arriba. La psicología académica no es ajena al terreno en el que crece. Es producto de esta, y predica y practica un acercamiento rápido y superficial a los problemas humanos.

Debemos racionalizar las emociones, cambiar los pensamientos, controlar el cuerpo. La visión *top-down* (lo de arriba —los pensamientos— controla lo de abajo —el cuerpo—) se ha impuesto. Tiritas, muletas, parches, pegatinas. Útiles en ciertas situaciones y casos concretos, pero que difícilmente nos harán crecer y prosperar, o que serán estériles en muchas otras ocasiones.

Lo invisible no existe, el pasado hay que dejarlo en el pasado (y es cierto en algunos casos) porque «da pereza». Los *bestsellers* de psicología los escriben periodistas, ingenieros, gurús espirituales que entremezclan conceptos y confunden más que ayudan. Todo el mundo quiere ser terapeuta para evitar ir al terapeuta. El psicólogo no estudió psicología por ser feliz ni saberlo todo, aunque ahora lo finja. Desconfiemos de los profesionales de la salud mental que solo venden sonrisa, alegría y orden.

En la profundidad de la Tierra, los océanos o la galaxia, hay oscuridad y hace frío. El ser humano como ser vivo experimenta alegrías, tristezas, rabias y miedos. Y la mayoría de esas sensaciones son automáticas e inconscientes, son un reflejo de nuestro SN, un oleaje de sensaciones que nacen en las tripas y ascienden a la mente en forma de pensamientos. Podemos recibirlas, conocerlas, comprenderlas, liberar incomodidad y modificar ciertos aspectos. Otras muchas deberemos aceptarlas y aprender a convivir mejor con quien somos.

PORQUE SOMOS EL RESULTADO DE MUCHAS COSAS QUE NO ELEGIMOS.

La idea de que debemos controlar nuestros pensamientos para ser felices acaba controlando nuestra vida, se convierte en un agujero profundo en el que, con cada esfuerzo que hagamos por salir, nos acabamos introduciendo un poco más adentro. Un negocio redondo.

Nos creemos **dueños** de nuestro cuerpo. Tenemos la ilusión de controlar a nuestro antojo nuestra visión, nuestro estómago, nuestra circulación sanguínea. Cuando algo falla en nosotros y llegan los síntomas de una enfermedad nos damos cuenta de la cruda realidad. Quién es de quién, quién controla a quién, quién lidera y quién sigue.

Nos damos cuenta de que no somos dueños de nuestro hígado cuando nos falla, y lo mismo pasa con nuestra personalidad. No la podemos cambiar a nuestro gusto. De alguna forma, ella nos vive a nosotros. Nos toca comprenderla, desculpabilizarla, permitirla y ponernos a favor en lugar de luchar contra ella.

Hay gente con enfermedades que lo intenta todo y perecen, gente que no se cuida la salud y vive noventa años. Deportistas con cáncer y abuelos que fuman. Suicidio en el rico y longevidad en el pobre.

Todo es más misterioso, multicausal y complejo de lo que parece. Solo la sensibilidad, la empatía y la humildad nos acercan más a la verdad. Hay cosas que podremos cambiar y otras que tarde o temprano deberemos aprender a aceptar.

Y, sobre todo, es importante no pontificar ni culpabilizar al que fallece. Como si todo dependiera de nuestro esfuerzo, sacrificio, deseo y voluntad. El universo es amplio y las fuerzas que nos gobiernan y atraviesan son múltiples y variables. Falta más humildad y más humanidad, más acompañamiento y menos juicio gratuito a la persona enferma. El final duele y pocas veces fue un error.

«Si estás mal en pareja, ¡déjala!», «Si estás mal en tu trabajo, ¡déjalo!», «Si estás mal donde vives, ¡cámbiate!». Se hacen muchas recomendaciones basadas en la premisa de que **podemos** (porque somos libres) cambiar todo lo que queramos en cualquier momento.

Conocer la mejor opción, o incluso sospechar lo que puede ocurrir, no es lo mismo que movilizarte hacia esa dirección. Todo SN tiene su propio ritmo, se sintoniza y desintoniza de manera diferente ante la misma circunstancia. Un limón, cuelga de una rama, sabe que acabará en el suelo o en el cesto del agricultor, pero no sabe cuándo. Lo mismo nos pasa a los seres humanos: podemos sospechar, pero no sabemos con certeza lo que estaremos pensando dentro de tres minutos.

A veces el panorama de la soledad duele demasiado, no hay otras opciones. Afirmar que «si no te quieres a ti, no quieres a nadie» esconde una opinión sádica que, dicha por un profesional de la salud mental, genera daño *iatrogénico*.

Si esa opción fuera tan sencilla no acudirían a un psicólogo. No acuden a ti para recibir otra «bronca positiva», consejos paternalistas cargados de buenas intenciones y de simplificaciones racionalistas. Así la gente no tiende a movilizarse, sino a bloquearse más. Y cuando se fuerza algo, muchas veces no es sostenible a largo plazo. Y luego llega la recaída, y el psicólogo oficial se lava las manos.

Dicen los expertos que si nos perdemos en el bosque es mejor quedarnos en el punto del camino donde nos hemos perdido. No debemos tratar de buscar nosotros mismos la salida o nos podemos perder más todavía. Lo mejor es quedarnos en el sitio quietos, esperar y no hacer nada. Luchar, agitarnos y meternos campo a través complica las probabilidades de ser encontrados en las primeras cuarenta y ocho horas.

Así que muchas veces aprender a esperar y a calmarnos (aceptar el momento), en lugar de hacer tanto y agitarnos (querer tomar el control y cambiar desesperadamente la situación) es la mejor estrategia tanto para sobrevivir como para prosperar.

Parece que el ser humano es una obra incompleta, que nunca está del todo terminado. Siempre hay algún aspecto que trabajar, algo que se puede hacer mejor. Siempre se puede estar más delgado, más fuerte, más sano, más joven, más guapo. Siempre se puede dormir y llevar una vida sexual mejor, y ser más espirituales.

De esa presión a la **mejora constante** estalla la guerra interior contra uno mismo.

Todo dentro de la cultura oficial se basa en la idea de que uno puede (y debe) mejorar siempre. La moral de la mejora constante, a toda costa, es el cebo principal de los canales de YouTube, los libros de autoayuda comercial y de la mayoría de los talleres y retiros espirituales.

La idea es que siempre hay hueco y margen de mejora. Siempre hay distancia que acortar entre la realidad y el potencial genético, entre lo que eres y lo que podrías (y deberías) ser. Incluso hay un científico español que divulga la idea de que el envejecimiento es una enfermedad.

En mi consulta, he tenido centenares de clientes que me han contado la misma historia. «Les enseñaba a mis padres un nueve en el examen y me decían que debía sacar un diez.» «Les enseñaba el diez en el examen y me decían que era mi obligación.» ¿Queda claro el tono severo de nuestros padres? ¿El tipo de amor tenso que nos mostraban para sacar lo mejor de nosotros? ¿Queda clara la ausencia de muestras visibles de afecto? ¿Podemos detectar la inoculación del virus de la mejora constante en nosotros? ¿Comprendemos mejor ahora lo que nuestra mente inconsciente hace con nosotros? La mente presente es solo una réplica y un reflejo del pasado.

En la sociedad actual prima la mentalidad del atleta de élite, deportistas, emprendedores, modelos, actores, inversores y millonarios con mentes y cuerpos excepcionales destacan en el mundo digital. Salpican la luz pública y nos confunden a los de abajo. «Si yo puedo, tú puedes.» «Si quieres, puedes.» «No lo consigues porque no lo quieres lo suficiente.»

Quieren sacar lo mejor de nosotros, como nuestros padres, utilizando el mismo método, el mismo látigo, la misma varita mágica:

la presión hacia la mejora constante, basada en el esfuerzo y en el sacrificio, para ser admirados por el colectivo logrando números despampanantes.

El atleta deportivo se ha convertido en el atleta padre, la atleta esposa, el atleta empleado, el atleta emprendedor, el atleta jefe, la atleta estudiante, la atleta de gimnasio mirándose al espejo y tapando sus emociones. Reprimiendo la humanidad y trabajando duro para unos resultados rápidos que destrocen a los de abajo y enriquezcan más a los de arriba.

«La presión crea diamantes y yo voy a brillar», repite convencido un atleta en la rueda de prensa anterior a la final del campeonato. Aunque su rival también sea un diamante, y más de uno vaya a lesionarse, a sufrir un ataque al corazón, a romperse alguna arteria, a enfermar, a acabar con una adicción o un ataque de pánico.

Se ha tomado al deporte de élite como ejemplo y se proyecta como estilo de vida ideal al resto de la sociedad. Se predican para el resto, los mismos valores del deporte de alto rendimiento. Algunos parecen acertados: respeto, salud, determinación. Otros, como la competitividad extrema, el esfuerzo y el sacrificio constantes, se vierten a la sociedad como si fueran inocuos.

Y los abusos olímpicos de entrenadores a sus pupilos se traducen en los abusos de los padres a sus hijos, de los jefes a sus trabajadores. Exprimiendo y exigiendo más resultados aparecen las lesiones psicológicas.

«Ve duro», «Ve hasta el fondo», «No te rindas». El atleta aplicado al ámbito psicológico es peligroso. Crea androides, peones, eslabones, soldados, sicarios, psicópatas cotidianos, mentes hiperracionalizadas, desconectadas de sus vísceras y sentimientos.

Han aprendido a restringir la vulnerabilidad al ámbito privado (y a vivirla en solitario). O la siguen anestesiando con sustancias y actividades extenuantes mientras fingen estar por encima del resto. Nadie sufre más que el perfeccionista, el exigente o el insatisfecho. Quien se juega su valía (su autoestima) a una sola carrera cada dos años, se juega su vida a una carta.

Este perfeccionismo y autoexigencia pop emigran de los juegos olímpicos y los centros de alto rendimiento y se instilan en las familias, el alumnado, el ocio y las relaciones sociales. Queremos más, podemos más, exigimos más.

Más resultados, más trofeos, más medallas. Mientras las empresas, los jefes y el gobierno se friegan las manos, se lucran a nuestra costa.

TODO EL MUNDO QUIERE MÁS PRODUCCIÓN Y MÁS RESULTADOS, CON EL PEAJE DE LA SALUD MENTAL DE LOS DE ABAJO.

«No tengo tiempo», «He perdido el tiempo», «Se me acaba el tiempo», «He llegado tarde». La ilusión de malgastar el tiempo es consecuencia de la presión por la mejora constante. Si sigo igual, si me he mantenido, es porque no he aprovechado el tiempo.

Si me echo una siesta pierdo el tiempo, si me tumbo en el sofá pierdo el tiempo, si no produzco resultados tangibles pierdo el tiempo, si no aprendo algo nuevo pierdo el tiempo. ¿Cuántas veces nos dijeron de niños que nuestros *hobbies* y aficiones eran una pérdida de tiempo?

Cuando iba a la escuela, las horas lectivas ocupaban un ochenta por ciento del tiempo escolar. Para el descanso y el ocio se reservaba un tiempo y un espacio residual. Las autoridades que diseñaban los draconianos planes de estudio son las mismas que de adultos, cuando las cosas no le salen al otro, nos dicen: «Relájate», «Acéptalo».

El médico, el enfermero, el abogado, el conserje, el taxista. Todos guardan el consejo en la comisura de sus labios.

Si paseamos estamos perdiendo el tiempo, si tecleamos un ordenador estamos invirtiendo en nuestro futuro. ¿Alguien sabe estar tranquilo sin hacer nada en particular?

Con el paso del tiempo y muchos clientes, me doy cuenta de que es muy probable que cuando pensemos que estamos invirtiendo bien nuestro tiempo, en realidad, lo estemos perdiendo. Y cuando creamos que lo estamos perdiendo, lo estemos invirtiendo mejor.

Conseguir ser la **mejor versión** de uno mismo es el eslogan que más capta y trastorna al ser humano. ¿Quién inventó la expectativa general de que cada día que pasa debemos ser mejores en algo (si no en todo)? Las plantas y los animales nacen, crecen, sobreviven, entran en decadencia y en silencio perecen.

Sin embargo, la cultura oficial (ciencia, política, religión, redes sociales, industria de la autoayuda y medios de comunicación comerciales) nos presiona tanto para que alcancemos el ideal de la mejor versión que acabamos creyendo que es ley de vida que al nacimiento le siga un estado fijo de gracia, plenitud, aprendizaje constante y abundancia.

Y si no es así, es porque algo malo hay en nosotros. Y así nos mezclamos con el mundo, exigiéndonos una constante mejora que nos acaba frustrando todo el rato. Fingiendo ser inmortales, felices y especiales.

La verdad es que, en muchos casos, nuestra «mejor versión» emergerá ajena a la voluntad propia y al esfuerzo mediado por la programación cultural. Lo hará espontáneamente y en algunos casos cerca del lecho de muerte. Justo unos instantes antes del último suspiro. «Lo siento, no supe hacerlo mejor. Os quiero.» Ojalá que esta muestra de humanidad y sensibilidad aparezca en nuestras vidas mucho antes al canto del cisne.

En el fondo, no hay mejor versión que la más ajustada a cada situación, en cada momento. En un funeral conectamos con la tristeza, en un espectáculo de humor con la alegría. Cuando quedamos con amigos nos expresamos abiertamente y compartimos. En una entrevista de trabajo medimos las palabras que decimos y las acoplamos a ese contexto concreto. A la hora de trabajar, trabajamos, y de descansar, descansamos. En un callejón a medianoche, nos permitimos sentir la incomodidad que nos avisa de potenciales peligros.

La homeostasis como tal no existe, hablemos mejor de *homeocinética*. Un equilibrio frágil en continuo movimiento y reajuste. Un flujo flexible, en cambio constante. Un vaivén interno, propio de la gente que nos permitimos conectar y vivir acorde a la vía de abajo (las vías del tren), la que está conectada a nuestros valores (la catenaria).

Nuestros sentimientos y principios nos guían en el camino. Estamos receptivos a contactar, a aprender, a reafirmar y evolucionar, abiertos a la experiencia.

Personalmente, yo no busco mi mejor versión, sino en cualquier situación sentirme más cómodo siendo yo mismo.

Si enciendes el televisor comercial, casi toda la gente habla, mira, sonríe, viste, bromea, «razona» y grita de la misma manera. Si vas al centro comercial, mucha gente se mueve, se expresa y se parece a la gente que sale en el televisor comercial. Algo parecido ocurre en un aeropuerto, en un estadio de fútbol, en una calle céntrica, en una famosa tienda de moda. En los lugares donde se reúne un gran número de gente se percibe con claridad la uniformidad, la **conformidad**, la ausencia de individualidad, de autenticidad y de pensamiento propio.

La mayoría de la gente disfruta de la misma canción (la que ponen veinte veces al día en la radio), desea tener lo mismo (lo que promociona el *influencer* de turno), busca lo mismo en la pareja (lo que afirma la *influencer* del momento). La cultura oficial diseña un molde único y nos hace creer que **encajando** vamos a sentirnos más comprendidos y protegidos por el colectivo. Sin embargo, lo que acaba uno es siendo más predecible y maleable, y en el fondo más confundido.

La cultura oficial ha creado una realidad cambiante, insegura, líquida, donde la inquietud salpica todos los ámbitos. El dinero, el trabajo, el amor, el futuro. ¿Qué hay más allá de la cultura del selfi y la sonrisa de papel? Adaptarnos a lo normal nos lleva a conformarnos con la distopía laboral, el *mobbing*, el *burn-out* o el síndrome de la *superwoman*. La mujer heroína perfecta en todo. Buena trabajadora, resolutiva, acrítica, productiva, buena amiga, hija, madre y pareja perfecta.

A pesar de que no exista un **molde** biológico mejor que otro, la cultura oficial muestra una clara preferencia por una forma de ser respecto a otras. La que mejor se adapta a las costumbres oficiales es la personalidad preferida. Es la que más éxito obtendrá y la que más se propagará, y es también la más manejable e influenciable. La mente *evolutiva* choca con la vida, la *replicante* fluye mejor.

Si eres sensible, reflexivo y profundo, reestructurar el pensamiento, intentar cambiarlo, explicártelo «mejor», acaba aumentando la automonitorización, la **autoobservación** y el intento de controlar la mente. Y lo mismo ocurre con la rumiación, el nerviosismo y la tensión. Estar centrado en los pensamientos aumenta el flujo de pensamientos, lo cual nos acaba desbordando.

Lo mismo pasa con escribir un diario o poner los pensamientos en un papel. Son herramientas «terapéuticas» basadas en una concepción *top-down* (de vía superior) del ser humano. Subyace la idea de que podemos controlar lo que sentimos a través de lo que pensamos. La mayoría de las obsesiones y preocupaciones añadidas las generan este tipo de estrategias.

No todo el mundo somos iguales. A una persona superficial, sin mirada interior, emocionalmente pobre, puede que estas técnicas le ayuden en un primer momento a darse cuenta y comprenderse mejor. Pero si sigue profundizando acabará agrandando el flujo de pensamientos, lo cual le llevará a sentir más frustración y a recibir daño *iatrogénico* por parte de los profesionales *replicantes* de la salud mental.

Del mismo modo, técnicas como la visualización, la meditación o incluso el yoga pueden hacer que reconozcamos, sintamos y atendamos más nuestro cuerpo. Esto puede ser beneficioso para la gente al inicio de su camino interior. Sin embargo, el exceso de esa autoobservación nos puede llevar a sentirnos y vivirnos demasiado, a sentirnos atrapados en nuestro cuerpo. Ello puede activar tendencias hipocondríacas, fóbicas o incluso psicóticas.

Toda solución tiene un efecto bifásico, lo que nos alivia en dosis pequeñas nos condena a dosis mayores. La focalización en algo nos ayuda un poco, tanto como la *desfocalización* a tiempo. La atención y el despiste, la memoria y el olvido, son manifestaciones de la misma cosa.

Si eres evolutivo, sensible y reflexivo, seguramente te será más útil algo que encaje con tu personalidad y tus tendencias. Las herramientas prácticas (o ausencia de las mismas) serán aquellas que mejor encajen con tu particular molde. Para ti no valen los protocolos, el molde cultural deja fuera gran parte de tu rica identidad porque no la comprende. Por lo tanto, te mutila, te limita, te señala, te culpabiliza. A cada uno le beneficia un tipo de práctica o de técnica.

Tras trece años de práctica espiritual diaria (y tres años habiéndola dejado), puedo afirmar que la meditación encaja mejor en gente taciturna y flemática. Personas que son habitualmente calladas, tímidas y silenciosas. Personas emocionalmente apocadas, herméticas, introvertidas e incluso frías. Nada vale para todos, nada es inocuo y el éxito de cualquier método está muy relacionado con su dosificación.

También es normal que la meditación te ponga más nervioso o que el yoga te aburra. Puedes caminar en la naturaleza, estirar en tu casa, ponerte música tranquila, nadar con tu perro, darte baños de bosque y llegarás al mismo sitio. A sentir el SN más en verde, más calmado, más equilibrado.

Y con ello te comprenderás mejor, pues el silencio nos permite contactar con la profundidad de nuestro ser, con nuestro instinto de creatividad y compasión. Es igual que sea con una práctica milenaria o que lo hagas más a tu rollo. Lo que centra, hace despertar o ilumina a uno, descentra, hace bostezar y oscurece a otro. Se puede proponer, indicar, inspirar, pero no se puede golpear a nadie con el becerro de oro del protocolo rígido.

El concepto de bienestar que nos tratan de vender también es problemático. Se asocia bienestar a ser productivo. «Hoy me siento bien, he tenido un día productivo», se dice cuando nos sentimos bien.

Sin embargo, leer un libro que nos gusta, comer bien, echarnos una siesta, darnos un paseo por una playa vacía nos puede colmar de sensaciones agradables y no tiene ese olor a mercancía.

Cuando me siento bien o me gusta lo que hago, me siento libre (una sensación). Nuestro bienestar es el resultado momentáneo de la confluencia de muchas cosas que han ocurrido y que no podemos percibir, controlar ni explicar.

Y sin querer acabamos achacándolo todo a la productividad. Y si no he producido nada, me siento mal, culpable, porque el que no hace, no produce. Y quien no produce, no merece sentirse bien.

En el fondo, intentar que todos los días sean buenos es lo que hace que los días complicados se vivan realmente mal. Al final,

«SABER PERDER» ES UN DON CON EL QUE A LA LARGA «SALIMOS GANANDO».

Cuando la **espiritualidad** te hace sentir culpable por no cumplir con las expectativas, cuando te obliga a lograr más perfección, a reprimirte más, se ha convertido en religión. Si no hay cariño, no puede ser espiritualidad. Si hay culpabilidad se llama religión.

Está de moda reconocerse espiritual. Te da una nueva profesión, queda bien, da *likes*, te da poder, te hace sentir superior, estar más cerca de la verdad, te encanta ser admirada y seducir a la gente.

Intentar deshacerse del ego o presumir de haberlo logrado es el primer síntoma del narcisista espiritual, falso gurú o todólogo.

El síndrome del gurú (la fachada) compensa el síndrome del impostor (el fondo), son dos extremos que se complementan. Cuánto más inseguro se siente por dentro, más estrafalarias y exageradas son las poses de divinidad que adopta el individuo para mostrarse perfecto.

Hasta el siglo XX, la iluminación era una experiencia interior silenciosa, privada, elusiva, transformadora. En el siglo XXI es una empresa, un redondo negocio exhibicionista apto todos los públicos.

Controlar los pensamientos es el espejismo *marketiniano* de la psicología oficial, trascender las emociones es el de la **espiritualidad comercial**. Nadie puede deshacerse de su SN.

La práctica espiritual que nos aísla, nos separa, nos eleva o nos distancia no es terapéutica. La práctica espiritual es curativa cuando nos ayuda a reconciliarnos, a juntarnos, a tener más sensibilidad y conciencia social. Cuando nos hace ser más educados y nos hace ser más respetuosos con los espacios públicos y el medio ambiente. Es la que nos hace bajar de la montaña y conectar más con el otro.

Nuestra voz interior es la interiorización de las voces de las autoridades, a menudo exigentes, que tuvimos de niños. Buscaban que cumpliéramos las normas o que lo pagáramos sintiéndonos culpables.

Si eres educado y sensible, seguramente tengas (o has tenido) una voz que monitoriza tu conducta, señalando el fallo y presionándote hacia la mejora. Antes nos recordaba que debíamos hacer los deberes o éramos unos perezosos. Después, que teníamos que ser más productivos o nos despedirían.

Actualmente, nos presiona para meditar, hacer yoga, comer mejor, beber mejor, dormir mejor, sonreír más, pensar en positivo, portarnos bien, ser políticamente correctos, ser agradecidos, mostrarnos entusiastas y hacer parecer que estamos por encima de los obstáculos.

Por influencia social, hemos desarrollado una voz interior crítica y exigente que nos acompaña a todos lados exigiéndonos un nivel de perfección imposible de alcanzar. El padre interior se convirtió después en jefe interior y ahora en **gurú interior**.

A la obligación económica, financiera, laboral, relacional, emocional, se le une la obligación espiritual. Hay que llegar a todo más que nunca. La obsesión espiritual se ha propagado con la eclosión de la cultura del selfi, de Instagram y de otras redes sociales.

Esa expectativa impecable, inyectada por la cultura oficial y absorbida por la mente *replicante*, construye una sociedad con más ansiedad, vergüenza y culpa por no poder alcanzar la expectativa del ideal moral perfecto.

Es necesario fallarle a ese gurú, decepcionarle como hicimos con nuestros padres. No queramos tener más conciencia, salud, inteligencia o sensibilidad de la que nuestro organismo sea capaz de sostener y gestionar. Tenemos la medida exacta de lo que podemos gestionar en este momento.

Es cuestión de tiempo que evolucionemos. A veces, coincidirá con un acto voluntario; otras, la vida nos obligará a ello. Pero no podemos acelerar el calendario a nuestro antojo o lo pagaremos caro.

Hace diez años, una chamana me dijo que no estaba preparado para hacer viajes astrales y no le hice caso. Mi curiosidad y descaro siempre se impusieron a la paciencia y la cautela. El lío mayúsculo en el que me metí confirmó que mi cuerpo es más frágil que mi actitud y que no puede sostenerla.

Tanto el déficit de formación como el exceso de experiencias nos desbordan.

3.
COMPRENSIÓN

La paz no se puede mantener por la fuerza, solo se puede conseguir por la comprensión.

ALBERT EINSTEIN

Los largos años como psicoterapeuta me han hecho comprobar que mucha gente (más de la que imaginamos) carga con experiencias **traumáticas** en la infancia.

Muchos venimos de padres **traumatizados** por sus propios padres, de padres con trastornos mentales, de padres con adicciones, de padres con una gestión emocional nula, de padres económicos, de padres ausentes, de padres en situaciones de pobreza económica, de padres codependientes y/o desbordados emocionalmente. Muchos venimos de divorcios, de violencia doméstica conyugal, de padres fallecidos, de padres en duelo crónico. Somos hijos de un abuso de autoridad, a nivel psicológico, físico y/o sexual, que ha dificultado nuestro desarrollo psicológico.

Agudos o crónicos, estos episodios nos han marcado emocionalmente y han ido moldeando la respuesta de nuestro SN al entorno, influyendo directamente en nuestros gustos y aversiones, en la forma de relacionarnos con nosotros mismos (cómo nos cuidamos y nos descuidamos), en la manera de conversar y conocer gente, de hacer amigos o de vincularnos románticamente. Además, muchos **traumas** son invisibles, silenciados, negados, desautorizados o proyectados sobre otros.

Puedes sentirte afortunado si, como afirmó el poeta Rainer Maria Rilke, la infancia es tu patria, porque para muchos ha sido un infierno. El lugar donde menos cariño, comprensión, respeto, seguridad y protección se ha recibido. A muchos no les han transmitido conocimientos, valores, modales, ética, educación, gestión emocional, espíritu crítico, ni capacidad para generar y mantener una economía propia. No les han procurado las herramientas útiles para desarrollarse como adultos capaces de prosperar emocional y económicamente.

Además, el 80 por ciento de los abusos sexuales ocurren dentro de la familia. Hemos pasado por un sistema educativo insensible y autoritario, donde el *bullying* ha sido normalizado. Y más adelante, por un mercado laboral precario donde hemos sufrido abuso económico, *mobbing* o situaciones de *burn-out*.

La cultura oficial ha creado un sistema social deficiente en comunicación profunda y relaciones horizontales, cálidas y sanas. Fruto de esta ausencia, de este vacío de comprensión y conexión, muchos nos hemos sentido solos, desamparados, desarraigados, huérfanos y apátridas emocionales. La sensación de rareza se ha traspasado sigilosamente de generación en generación. No nos hemos sentido queridos ni importantes.

Nos hemos tropezado y nadie nos ha recogido del suelo, los abrazos han sido forzados, las caricias maternales contadas. Aquellos niños avergonzados, cohibidos y culpabilizados se han convertido en adultos desubicados, desnortados y desquiciados.

Dos personas se enzarzan en una discusión de tráfico que acaba a navajazos. Un adolescente se lanza al vacío desde un puente al ser ridiculizado por enésima vez por los compañeros de clase. Un motorista da un tirón al bolso de una anciana que al caer de espaldas se desnuca. Una niña es violada por un grupo de niños. Un vecino pone música a todo trapo cada noche y no deja descansar a los vecinos. En la mayoría de esas conductas extremas hay traumas extremos.

No podemos evitar ser adictos a los videojuegos, las redes sociales, el móvil, el televisor, el azúcar, el amor tóxico, la pornografía, la cosmética, las relaciones imposibles. Tenemos muchas preguntas sin respuestas que tapar, cicatrices que disimular, aburrimiento que tragar. En una cultura donde nada está garantizado, donde todo está diseñado para sobreestimularnos y sacarnos del centro, es natural que nuestro SN esté hiperactivado, en vigilancia y tensión constante. Con los cerebros que hemos heredado, las traiciones y amarguras que hemos transitado, bastante bien estamos como estamos.

Hay una serie de situaciones o contextos que a la mayoría de las personas nos producen estrés, tensión psicológica y ansiedad.

Son **estresores universales**: la época de exámenes, el día del examen, un examen oral, el examen de conducir, hablar en público, romper el hielo con quien nos atrae sexualmente, hablar con un extraño, la ruptura con una pareja, el duelo de pareja, el corazón roto, las complicaciones laborales, perder el trabajo, estar en paro, mudarse de casa, mudarse de ciudad, mudarse de país, mudarse de cultura, las retenciones largas de tráfico, los preparativos de una boda, el día de la boda, recibir *bullying*, recibir *mobbing*, tener un padre, un profesor o un jefe que nos acosa, planificar las vacaciones, el fallecimiento de seres queridos, la primera fase de una relación sentimental, el amor (o el deseo sexual) no correspondido.

Son situaciones globales por las que la mayoría pasamos o pasaremos. Son escenarios de desequilibrio emocional porque sus demandas sobrepasan nuestra capacidad de gestión e hiperactivan la respuesta de lucha o huida de nuestro SN. Son momentos donde nos sentimos amenazados, incapaces, vulnerables, inquietos, de mal humor, rumiativos, dándole vueltas a la situación, paralizados, en blanco.

Es primordial reconocer estas situaciones como «normales» (por frecuentes, no por deseadas) y no echar más leña al fuego cuando ocurren. En esos momentos es preciso mantener la voz crítica (culpabilizadora) a raya, es injusto que aproveche esos momentos límite para analizarnos, criticarnos, devaluarnos, compararnos y señalarnos como lo hicieron nuestros padres, profesores y jefes.

No añadamos más vergüenza y culpa a situaciones que casi todos vivimos, que a todos nos afectan y alteran, y que no guardan una relación directa con fallos específicos o traumas personales. La vida es muy dura, a veces.

El anzuelo de la **búsqueda** es demasiado tentador. Es un reclamo seductor que promete acabar con los traumas de la infancia, los estreses universales y el aburrimiento de la vida cotidiana. Al otro lado del río de la mediocridad existe un lugar eternamente cálido, dorado y repleto de relaciones satisfactorias.

La acción de buscar nos permite distraernos y escapar temporalmente del momento presente. Nos hace contactar con sentimientos de esperanza, alivio, aventura y libertad. Nos brinda sensaciones de novedad, de mejora, de movimiento, de control, de manejar opciones.

De adolescente tropecé en una tienda de música con un cd titulado *The mind is a terrible thing to taste* del grupo Ministry. No entendí aquella frase, pero a la vez me quedé atrapado por ella. Aún no era consciente de mis problemas personales e ignoraba todo lo relacionado con el campo de la psicología. Aunque aquella advertencia se me quedó clavada.

Después leí que el cantante era adicto a la heroína y comprendí lo que quería decir. Décadas más tarde, entendí que no hacía falta estar enganchado a las drogas para comprender que, si te pasas de la raya, la mente puede convertirse en un infierno. Al fin y al cabo, vivimos dentro de ella, estamos hechos de ella, somos ella.

Llegados a un punto de nuestro camino interior, seguir indagando e investigando más y más resulta contraproducente. A nivel psicológico, el beneficio es nimio y el riesgo de obsesión elevado. Los ocho mil kilómetros de altura del Everest son una chiquillada comparados con la infinita distancia que nos separa de la cima de la montaña interior.

La mente como objeto de estudio es un rompecabezas. Cuando la ignoras, aparece; cuando la persigues, desaparece. Si la observas, se revela; si la fuerzas, se oscurece. Es un fenómeno deslocalizado, no se encuentra en un lugar concreto, está en muchos sitios y a la vez en ninguno. Es un espejo, una esponja. Una caja oscura, hermética y vacía. Un universo propio repleto de agujeros negros y supernovas.

A no ser que seas psicólogo o chamán, es mejor que te ahorres el estrés inherente a la **búsqueda** de la **verdad** última, metafísica. La comprensión del sentido profundo de la vida o de los límites de la mente. En la vida occidental del siglo XXI, la mayoría somos más misioneros que místicos. Nuestro SN funciona mejor en el hacer del mundo cotidiano y peor absorto en un mundo intangible e ininteligible.

Podemos teorizar sobre la mente igual que sobre el más allá, pero no podemos experimentar ambas cosas a fondo y regresar intactos. Si te inmiscuyes en el laberinto de la mente, debes saber que este es resbaladizo como el mercurio y cortante como una cuchilla. Tarde o temprano acabarás contactando con la locura y el sinsentido de la civilización entera.

AL PRINCIPIO MIRAR HACIA DENTRO SE SIENTE COMO UN REFUGIO, PERO A LA LARGA SE PUEDE CONVERTIR EN UN SUPLICIO.

Si te encierras y te cierras demasiado en ti mismo, acabas autocentrado, autoobservándote, hipervigilante, obsesionado con tus sensaciones y sentimientos. Más tenso, autorreferenciado, activado, atrapado en las paredes de tu cuerpo. Más ansioso. Y si no, que se lo pregunten a san Juan de la Cruz o a santa Teresa de Jesús.

Es cuestión de tiempo que nos tropecemos con vestigios de traumas infantiles y marcadores de estresores cotidianos. En mayor o menor medida, todos cargamos con ellos.

La vida en sí ya es complicada. El mercado laboral es estrecho, los sueldos bajos, los precios altos. Las relaciones inconstantes, los vínculos gaseosos, la soledad ubicua. El presente es inestable, el futuro no está garantizado. La crisis existencial está de moda, pero el trastorno psiquiátrico nos aterroriza. Y ambos se trenzan, se solapan y comparten síntomas.

Tenemos un solo cerebro, un único SN para toda la vida. Ponerlo al límite, tensionarlo en exceso, asustarlo, desgastarlo, es arriesgarnos a pasar el resto de nuestros días renqueantes, quebrados, pagando un coste muy alto. Del equilibrio al desequilibrio, de la exposición a la inundación y la retraumatización hay un chasquido de dedos.

Tras trece años de práctica espiritual diaria, con diferentes técnicas contrastadas de contemplación y expansión de la conciencia, uno vuelve al kilómetro cero. El mito del Viaje del Héroe acaba con el mismo SN deshecho. De la enfermedad como camino se pasa a la búsqueda como trastorno. Y cada uno acaba con el suyo. Los límites aparecen cuando los hemos cruzado y es tarde.

La verdad palpable y aplicable es aquello que a nuestro SN le hace sentir calmado, equilibrado y seguro consigo mismo, con la gente y con el mundo que le rodea. Lo que nos da equilibrio nos da sentido, cada uno con el suyo. Ya hemos ido y vuelto cientos de veces.

Al final de las sesiones siempre recomiendo a mis clientes salir a la calle diez minutos mínimo, para dar un paseo y airearse. Es necesario salir de la abstracción de la mente, los ojos cerrados, la visualización, la contemplación y volver de nuevo al movimiento, los ojos abiertos, los estímulos mundanos y la concreción del día a día.

Es ahí donde ocurren los logros significativos, una vez he salido de mí mismo y he vuelto a poner los pies en la tierra.

Más importante que el lugar a donde nos dirigimos es cuánto tiempo nos pensamos quedar ahí. La experiencia cumbre, espiritual, mística, depende de la intensidad y el tiempo de exposición para no convertirse en una tortura.

No existe la panacea ni hay nada inocuo cuando jugamos con la mente y el SN. Y menos aún en lo relacionado con la práctica espiritual y la búsqueda de la supuesta verdad final.

Nacemos **cuerpo** (cigoto, feto, embrión, bebé) y morimos cuerpo (cadáver). Entre medio se desarrollan más o menos el pensamiento, el lenguaje, la comprensión, la comunicación, la conciencia y la identidad individual.

Entonces, antes que seres conscientes somos seres inconscientes. Antes que seres racionales, somos seres emocionales. Antes que seres autónomos, somos seres gregarios. Antes somos cuerpo y luego mente. Antes sensación y luego pensamiento. Antes somos respuesta fisiológica y luego comprensión psicológica. Sin la mente, existe el cuerpo (sueño profundo, estados comatosos). Sin el cuerpo, no existe la mente (desde un punto de vista práctico al menos).

Igualmente, si vamos más lejos y vamos de atrás hacia delante. Primero fuimos reptiles antes que mamíferos; mamíferos antes que primates; primates antes que humanos. El cerebro profundo (reptiliano y primate: instinto y emociones) tiene más peso en nuestros impulsos, respuestas y conductas que nuestro cerebro humano (pensamientos y voluntad).

Nuestro cerebro es la consecuencia de miles de millones de años de transformación biológica. Nuestros gustos, respuestas y conductas actuales son el resumen de incontables interacciones entre lo que hemos heredado y los contextos que nos han influido. Somos el resultado de normas y condicionamientos familiares, escolares, sociales y culturales.

Por lo tanto, primero sentimos y luego pensamos. Aunque haya gente que no sea consciente del proceso automático, o que sea el pensamiento la forma con la que sientan su cuerpo. Por el contrario, otros sienten tanto que no encuentran las palabras concretas para explicárselo. Somos seres complejos, unos tienen tendencia al control racional de los procesos inconscientes (la ilusión de control). Otros están más en contacto con la vía de abajo, el sentimiento y las sensaciones.

En general nos cuesta permitimos la parte inconsciente y emocional porque la tememos, no la comprendemos. Queremos borrar el pasado y tapar las heridas, negándolas y forzando el olvido con rituales y palabras. Pero el sentimiento no atiende a esas razones y no olvida cuando uno lo decide.

Nos sentimos inseguros cuando nos sentimos vulnerables, incómodos ante la sensación de ser falibles. Vivimos nuestra extremada fragilidad como un complejo o un error.

¿Cómo me puede gustar alguien así? ¿Cómo puedo sentir algo si no le conozco? ¿Por qué pienso tanto en ella si aún no somos nada? ¿Cómo me pudo gustar eso? Nos sentimos mal con la vía de abajo, con el sentimiento, la sensibilidad, la sensación de que somos **mamíferos**, anhelamos la conexión y dependemos emocionalmente de otros.

Son nuestras necesidades de mamífero, el **mamífero interior**, que palpita, se agita, anhela y nos vive a nosotros por dentro y por debajo, sin siquiera darnos cuenta de que dicta la partida. El mamífero anhela piel, vínculo, sintonía, escucha, atención, conexión, tacto, comunión, halago, grupo, manada, hogar.

¿Y por qué siento celos? Porque te importa el vínculo y tienes miedo a perderlo como te ocurrió en el pasado. No es un sentimiento que hayas elegido: se activa en tu cuerpo, la mente lo reconoce y, al registrarlo, te culpabilizas por albergar ese sentimiento natural y automático. Así nos han educado, así es como la cultura oficial ha culpabilizado a nuestro SN.

Sin embargo, en mi caso, si alguna vez he sentido celos no hago nada al respecto. Y menos lo que esos pensamientos de susto me piden que haga. Solo observo el susto, lo reconozco y no me autoengaño ni trato de reestructurar lo que pienso. Porque el pensamiento se piensa (a sí mismo) dentro de mí, pero yo no lo hago, no lo elijo ni tiene que ver tanto conmigo en el momento presente.

Y trato de no reaccionar como la mente asustada y avergonzada me pide que haga. No trato de controlar mi mente ni mi cuerpo, como no trato de controlar la dirección del viento cuando no me gusta hacia donde sopla. No trato de controlar nada ni a nadie. Me permito, lo permito, le permito. Lo observo y comprendo cómo funciona el antiguo y complejo mecanismo ascendente de la experiencia humana.

Y si puedo me comunico, me expreso y pongo en común el movimiento de mi SN con el SN de la otra persona. Funcionamos bien, la Sergiedad me quiere proteger para evitar que me pase lo mismo que me pasó aquella vez. Qué mal lo pasé. Y le susurro gratitud y le recuerdo que aquello ya pasó. Estamos a salvo, no va a ocurrir lo que ocurrió entonces.

«Me doy cuenta de que necesito aprobación y eso no me gusta», «Me molesta que me afecten las cosas», «No tendrían por qué afectarme las cosas, me enfado conmigo mismo», «Debo ser fuerte», me han compartido muchos clientes a lo largo de décadas.

La psicología oficial (reestructuración cognitiva e ilusión de control mental) y el *new age* Disney (pensamiento positivo, sonrisa y prácticas esotéricas) crean personas que luchan contra la fragilidad del SN. De esta forma, parece que rechacen su propia humanidad negando la base neurofisiológica de su pensamiento, emoción y conducta.

Andan a la gresca con su mamífero interior, cuya expresión conciben como un acto de debilidad e inadecuación. Les avergüenza tener sentimientos y sentirse vulnerables: «Hay algo malo en mí que debo cambiar». Persiguen el delirio de convertirse en androides insensibles o dioses grandilocuentes que han trascendido a su origen primate y han alcanzado el bienestar estático y estético de red social.

Igual que Víctor necesita de mi acompañamiento para moverse en espacios abiertos y tomar decisiones que no le pongan en peligro, nosotros también necesitamos compañía cuando nos sentimos vulnerables.

El calor de gente que nos comprende. El apoyo de quien nos quiere por lo que somos, que no trata de cambiar ni nos culpabiliza por nuestras rarezas. Necesitar el consenso de nuestro círculo afín es señal de aceptación de lo que somos (mamíferos que necesitan su manada) y de salud mental.

Lo contrario es la locura de la falsa autosuficiencia, que acarrea más sensación de soledad de fondo. Y para salir de ella necesitamos subir más la mampara emocional, subir el volumen de los auriculares, esquivar miradas, torcer el gesto, mirar más la pantalla, sacar pecho y apretar mandíbula para mostrarnos más seguros y decididos. Es el círculo del autoaislamiento perpetuándose a sí mismo: cuanto más me aíslo, más vergüenza siento en público y más necesito aislarme. Eso es vivir en **contra** del mamífero.

Es importante identificar lo que nos gusta y nos repele, lo que nos activa y nos apaga energéticamente.

En una orquesta, ¿qué **instrumento** serías? En tu hogar, ¿qué aparato, objeto o electrodoméstico te representaría? ¿Cuál es nuestra función, dónde, cómo y cuándo funcionamos mejor? ¿En qué tipo de situaciones? ¿Bajo qué tipo de condiciones? ¿Con qué tipo de gente? ¿Haciendo qué tipo de actividades?

¿Qué tipo de alimentos y horarios de comida nos convienen? ¿Qué estación, clima, temperatura nos hace sentir mejor? ¿En qué momento del día sentimos mayor claridad o confusión? ¿Cuántas horas de sueño necesito? ¿Qué horario de descanso va mejor conmigo?

¿Qué nivel de estrés soy capaz de aguantar sin quebrarme? ¿Cuál es el tipo de ejercicio que me sienta bien y con qué frecuencia? ¿Qué tipo de trabajo va bien con mis talentos? ¿Qué nivel de contaminación acústica tolero? ¿Qué estilo de vida encaja mejor con mi SN? ¿Qué características debe tener mi lugar de residencia? ¿Qué presupuesto necesito para vivir la vida que me sienta bien?

En una orquesta, yo sería el contrabajo: no se escucha, pero se siente; está presente, aunque pocos sean conscientes. Si se apaga, el sonido coral se llena de vacío. En una banda sería la voz, el letrista y los sintetizadores. Pura pasión y palabra. Dime tu estilo de música y te diré quién eres, dame tu *playlist* favorita y te diré cómo eres. ¿Tu lista favorita la descubrió tu SN (vía de abajo) o la eligieron por ti la radio y la televisión oficiales (machacándola y repitiéndola hasta obligarte a sentirla como tuya)?

Personalmente, desde los catorce años fui rockero, y hasta los veinticinco rockero radical. Después mi SN se abrió a otras tonalidades y se dejó cimbrear por la música electrónica, el pop intimista, el electro-pop, la música clásica, el *ambient*, etcétera. Desde bien pequeñito, el ritmo latino pareció agredir mi fisiología. Con la cadencia del *jazz* purista la Sergiedad también encuentra problemas. Lo instrumentalmente rápido, excesivamente alegre, alterado e imprevisible le desequilibra. Mi SN prefiere la emoción sutil, la letra elaborada, el mensaje profundo, el *groove* que te empuja amablemente, lo sencillo pero elaborado.

Mi música favorita es la que me escala de abajo arriba. Revela la vía de abajo (la Sergiedad), eriza mi piel, el coche se conduce casi solo, recobro el sentido, me eleva, me inspira. Amanecen las ganas de crear, de escribir, de viajar, de moverme. En ese momento soy la música y siento distancia con la vida, siento desahogo. En el hueco de la mente aparecen párrafos imposibles terminados, nuevas perspectivas a viejas situaciones y otras conclusiones.

Cuando la música sintoniza con mi SN, sonido y danza, emisión y movimiento son uno. Aparece el álbum de recuerdos en mi memoria, se unifican los puntos separados de mi biografía. Se recobra la calma del color verde y, como el periscopio de un submarino, emergen de la profundidad el orden y el sentido.

Cuando Sergi Rufi trata de empujar (con condescendencia) a la Sergiedad, se abre la posibilidad de un nuevo trauma. Cuando el movimiento es contrario, en sentido ascendente, de abajo arriba, la vida encaja y ocurre siempre lo que toca. Los hechos nunca están equivocados, los pensamientos y deseos muchas veces sí.

Es importante explorar y experimentar para descubrir nuestro propio instrumento y aprender a tocarlo, configurarlo, afinarlo y afilarlo. Que la curiosidad acompañe al miedo, la actitud debe respetar la estructura para no quebrarla. Tenemos un talento, dos o tres a lo sumo. Igualmente disponemos de una función, una gran meta o dirección. Explorarla y descubrirla con humildad nos evita problemas y nos facilita la vida. La dirección y el ritmo los señaliza nuestro SN.

Por dentro no soy libre, yo no decido mis sentimientos, sensaciones, pensamientos, mi temperatura corporal, la velocidad de mis digestiones, cuándo necesito ir al lavabo o cuándo tengo hambre. Por dentro debo aprender a **permitir** que se desplieguen los procesos neuroquímicos y a confiar en mi organismo cuerpo-mente.

Todo en mi organismo tiene una función protectora, el dolor también, los calambres, el hipo, los estornudos, la fatiga, la tristeza, los pensamientos. Todo se gestiona en lo profundo y aflora hacia fuera. Aprendo a **permitirme todo** por dentro. Escucho mis pensamientos, observo mi estado emocional y después lo gestiono si viene al caso. Si lo hago al revés y primero racionalizo la sensación antes de sentirla, la freno y genero más tensión.

Mi cuerpo y mi mente deberían ser como una ventana abierta donde todo aparece y desaparece, todo entra y sale, empujado por el viento que la vida sopla a través del SN.

Permitirme todo lo que germina, ocurre y se desata por dentro. Ver los procesos internos como un subproducto celular de estar vivo me permite experimentar la Sergiedad sin culpa al no tener que reprimir nada. En esencia, todo se inicia en nuestra cavidad interior, lo visible es solo un reflejo, una imagen, una reacción de lo de dentro. También puede ser un embuste si trato de cambiarlo o lo finjo para aparentar lo contrario

A estas alturas, comprendo lo que me funciona y lo que me estropea. Lo que le sienta bien a mi cuerpo y lo que le sienta mal. Si a mi digestión le sienta mal la cebolla, es lógico que no la coma. Si a mi piel le sienta mal la lana, no compro ese material. Me permito lo que soy, dejo de forzar lo que no puedo cambiar y de evitar lo inevitable.

Me coloco a favor de la brisa de la vida, que me ayuda y sopla a mi favor. Para ello comprendo mejor la Sergiedad, dejo de luchar contra ella por mucho que no encaje en el molde de expectativas oficiales. Me cuido. La vida es difícil y por eso me lo pongo más fácil.

LO QUE ME PERMITO, LO NATURALIZO; LO QUE ME PROHÍBO, LO CULPABILIZO.

Podemos transformar la manera cómo nos sentimos, pero no cómo somos. Podemos modificar ciertos hábitos y conductas, pero con nuestro SN tenemos un estrecho margen de maniobra. Lo construyeron los genes y la crianza, podemos comprendernos más y regularnos mejor. Comprender que todos necesitamos sensaciones de conexión y pertenencia para sentirnos equilibrados.

La cantidad y calidad es algo personal e intransferible. No seguimos protocolos al pie de la letra, ni métodos cerrados, porque las causas son anteriores y multifactoriales. No somos causa de nada, solo eslabón, continuación, y, por lo tanto, no somos culpables. Somos una respuesta, otra consecuencia y reacción automática que hemos aprendido a reconocer, descifrar y a gestionar mejor.

Permitirnos lo de dentro es naturalizar lo inevitable y perdonarnos. Es reconocer que por dentro nunca fuimos libres. Es destapar el dique de la represión, dejando que las aguas estancadas del pasado se liberen a través del caudal del presente.

Las experiencias otorgan un nivel de autoconocimiento, el cual va moldeando un criterio, nuestro estándar propio. Toca seguir experimentando, negociando entre las costuras del criterio propio y las propuestas de la vida. Flexibilidad, negociación, adaptación, equilibrio, desequilibrio, y vuelta al movimiento de apertura y cierre del SN. Poco a poco.

Es importante conocer el desfase entre nuestro funcionamiento natural interno y el ritmo de la cultura oficial. Si somos conscientes de la desintonización entre biología y cultura, y reunimos la suficiente valentía, veremos como muchas veces deberemos remar contra-cultura para navegar a favor de nuestra propia naturaleza. Así debe ser si queremos proteger nuestra salud mental y mantener la coherencia.

Nos han culpabilizado el ocio. Dejar de crear, fabricar, elaborar; ser eficientes, veloces y eficaces, para echarnos a descansar o disfrutar pasivamente de algo. Nos convertimos en pecadores, en parásitos, en ciudadanos de segunda. Para que un día merezca la pena, debemos haber hecho, logrado o aprendido algo para percibirlo como productivo.

Comprendo que la mayoría de la gente no analiza el entorno físico, ni tampoco su mundo interior. Puede que algunos examinen el medio exterior, pero pocos su mundo interior. Observar está mal visto, la cultura oficial prefiere que evitemos la reflexión individual, ya nos presta ella las opiniones, el criterio y los gustos. Es mejor que nosotros nos dediquemos a seguir la norma y replicar.

Sin embargo, el que nace (o le hacen) sensible, reflexivo e/o introspectivo es más consciente de residir dentro de lo suyo y reconoce las señales de su SN. Sabe que su forma de sentir y desear nace de una parte automática. El control es una sensación parcial, temporal, intermitente y frustrante.

El insensible cree en la televisión y en las portadas. A veces acertadamente, otras repitiendo errores y validando tópicos (utópicos) generalizados por la psicología oficial (y su «piensa bien y vivirás bien») o el *new age* Disney («el universo entero conspira a tu favor»). Quien vive desde su interior tiene pensamiento propio y despierta, quien vive «fuera de casa» se conforma y repite el pensamiento convergente oficial.

Comprendo que vivimos mucho desde lo espontáneo, y también que no podemos forzarlo ni obligarlo a voluntad, sino invitarlo y acompañarlo. De dentro afuera, de abajo arriba es la dirección de crecimiento de las plantas. Para el evolutivo, divagar, experimentar, explorar, asociar, jugar y comprobar es norma de la casa. Somos nuestros propios cobayas, banco de pruebas, matriz de datos y laboratorio.

Comprendo que viajar, leer, investigar, reflexionar, escuchar, preguntar, contactar con la diversidad humana abren la opción a comprender mejor a todo el mundo. Al delincuente, al criminal, al pobre, al analfabeto, al sintecho, al empresario, al inmigrante, al apestado, al dirigente. Comprendemos su cuna, su contexto, sus condiciones, su origen, su perspectiva, sus posibilidades, sus acciones y consecuencias. Podemos ponernos en la piel de la mayoría, pocos asuntos nos son ajenos. Reconocemos que bajo las mismas condiciones seguramente reaccionaríamos de manera parecida.

Comprendo que cuando alguien comete un delito debe pagarlo, con multa o prisión, por el bien común del resto. Aunque evitar culpabilizarle es comprender la naturaleza humana. Sin información, conocimiento, educación ni futuro, yo mismo hubiera tropezado con la misma piedra. Nadie quiere ser pobre, necio, delinquir y acabar antes de tiempo en el hoyo.

Cada adicción señala una historia, cada drama sus traumas. ¿Escogió un delincuente nacer en una familia de criminales? ¿Tiene culpa un adicto al *crack* de no haber conocido a su padre? ¿Un sintecho de nacer de una madre adicta a la heroína? Siempre hay una intrahistoria oculta a la mirada simple. El *replicante* la soslaya y juzga solo el presente, ignorando las causas en el pasado. ¿Qué haría él mismo en su piel?

He conocido a gente brillante en Harvard y en la obra, gente brillante en la iglesia y barriendo calles, gente brillante adicta al deporte y enganchada a la droga, gente brillante en California y en un poblado de gitanos. La inteligencia, como la personalidad, el carácter, la voluntad, el esfuerzo, no emerge desenchufada de unas condiciones, un contexto, unas tradiciones, una cultura oficial determinada.

Después de la **comprensión real** aparece la **compasión**. En la cultura de la culpa, se confunde el concepto. Pocos la sienten hacia sí mismos. Después vienen la humildad, el agradecimiento, el perdón y la aceptación de lo que no elegimos ni podemos cambiar por mucho que queramos.

Sin embargo, comprender demasiado también tiene su dilema. Nos inunda, nos mete en la madeja de la duda paralizante, en la pantanosa ilusión de la posibilidad ilimitada, en la obsesiva *infoxicación*. Poco a poco.

El concepto de **madurez** común hasta el siglo XX, desde una moral *replicante* y una mentalidad 1.0, significaba tener trabajo, montar una familia, disponer de economía propia, saber ahorrar, llegar económicamente a fin de mes, pasar inadvertido, ser muy responsable, tener hijos, predicar (con o sin el ejemplo), no perder los nervios en público, guardar las emociones en las esferas privadas, saber resolver los problemas solo, llevarse bien con la familia, cumplir las normas familiares, no crear conflictos ni dar problemas, guardar las formas, seguir el protocolo, mantener la imagen social, quedar bien, hacer que hablen bien de uno, no preocupar, no mostrar afectación emocional en público, encajar bien en el colectivo, replicar las costumbres, ser leal al dictado familiar, no mostrar debilidad en público, mostrar amor solo con palabras o solo con acciones.

La madurez estaba ligada a la acción, a lo visible, al concepto de seguridad y de tradición.

El concepto de madurez emergente a partir del siglo XXI, desde una moral evolutiva y la mentalidad 2.0-3.0, significa tener opinión propia, cuestionar la autoridad, no creerse todo lo que se dice en los medios de comunicación oficiales, gestionar las emociones, compartir los sentimientos, tener valores propios, ser coherente (predicar y dar ejemplo), hacer cierto trabajo interior, tener economía propia, independizarse moralmente de la familia, mostrar sensibilidad cuando toca, pedir ayuda y favores si toca, ayudar si nos lo piden, mostrarse como uno es, llevar la contraria si es necesario, pedir perdón cuando toca, tratar de no culpabilizar ni aceptar ser culpabilizado, saltarse el protocolo cuando toca, poder decir lo que uno piensa, decir «te quiero» de verdad, mostrar amor con palabras y acciones, decepcionar a la familia cuando toca.

La madurez está unida al sentimiento, a lo privado, al concepto de libertad y de autonomía.

La verdad y el **cambio** son procesos complejos como el sueño o el amor. No se pueden empujar con la voluntad ni forzar con el pensamiento racional. Son fenómenos orgánicos, sensibles y sutiles, como el cambio de marea o la llegada de la primavera. Simplemente ocurren, poco a poco o de repente. A veces hay que dejar de hacer tanto y saber esperar. Aprender a encontrar el lugar y el momento adecuados.

El cambio es posible y también limitado. Es factible cambiar de trabajo, de relaciones, de lugar de residencia, de hábitos. Internamente se trata de un cambio de perspectiva y de comprensión. Un mayor conocimiento, una mejor gestión emocional y una comunicación más eficaz. Es algo ligero, la semilla yacía en nuestro interior; solo hacía falta descubrirla, abonarla y regarla.

Al final de la adolescencia o en la primera juventud, el barco ya está armado. Unos están equipados para lanzarse a aguas intercontinentales mar adentro, otros para fondear la costa y echar el ancla en embalses. Conocer nuestras capacidades y limitaciones, y dejar de engañarnos es nuestra principal meta.

Podremos cambiar chapa y pintura, pero la estructura, el cuadro de mandos y la caldera tienen poco margen. Hay que respetar la capacidad, el aguante y la naturaleza del viaje elegido para nosotros y que nos toca emprender.

No podemos cambiar el mundo como dicen los políticos, el pasado como dice el *new age* Disney, ni al ser humano como dicen las religiones. Tampoco podemos cambiar a nuestros padres ni nuestro temperamento o nuestra personalidad.

ES NECESARIO PERMITIR LO INEVITABLE, DEJAR DE FORZAR LO IMPOSIBLE, Y APRENDER A DEJARNOS TRANQUILOS CON LO QUE SOMOS.

4.

VALORES

La culpa es tan útil como el mordisco de un perro a una piedra.

SIGMUND FREUD

Nunca ha nacido ningún niño con **culpa**. Sin embargo, pocos son los ancianos que fallecen sin mancha de culpa o remordimiento.

De niños nos señalaron por nuestro aspecto físico, por el corte de pelo, por tener acné. Nos acusaron por la forma de hablar, de pensar, de vestir, de mirar, de caminar, de sentir, de emocionarnos, de relacionarnos.

Nos avergonzaron por nuestro cuerpo, nuestros pensamientos, nuestra sexualidad, nuestras acciones y nuestras reacciones. Nos culparon por ser sensibles, tímidos, introvertidos, por parecer fríos o distantes.

Crecimos con la cruz de los **eres** y el «demasiado» a cuestas, a todas horas, en todos lados. Eres sensible, eres callado, eres tonto, eres inconstante. Eres demasiado movido, demasiado parado, demasiado inquieto, demasiado blando, demasiado duro, demasiado agresivo. Eres demasiado **demasiado**.

Nos echaron el mal de ojo del **siempre**. Siempre haces lo que quieres, siempre haces lo mismo, siempre te despistas, siempre cometes el mismo error, siempre te equivocas, siempre fallas. Y también del «nunca». Nunca atiendes, nunca escuchas, nunca me haces caso, nunca haces lo que tienes que hacer,

Nos arrojaron la profecía del **nunca** lapidario. Nunca aprobarás, nunca encontrarás trabajo, nunca tendrás novia, nunca serás feliz, nunca cambiarás ni harás lo que yo te diga.

Nos educaron con el garrote de la culpa y nos desmotivaron con el dedo acusador de la vergüenza. Crecimos con la mosca en la oreja de ser **deficientes** y de no merecer respeto porque sí.

Esa sensación de inadecuación y separación surgió en el aula, en los pasillos, en el patio del colegio y en el seno del núcleo familiar. Nos sentimos **raros**, extraños y apartados por tener gustos y aficiones distintas. Inoportunos por pensar diferente y sin querer llevar la contraria a la mayoría.

Sentimos vergüenza por quedarnos en blanco, sin voz o congelados ante una situación universalmente **estresante**. Sentimos culpa por perder en algún deporte cuando el rival había sido mejor que nosotros, por suspender un examen difícil, por no pasar la entrevista de trabajo, por no sentir más amor por nuestra pareja, por querer dejar una relación estancada.

Cada vez que sentimos culpa, sentimos que merecemos un **castigo** por haber hecho algo mal. Nos retraemos a la infancia, la adolescencia o tiempos anteriores. Nuestra mente interiorizó al profesor, el padre, la madre, a los policías exigentes y autoritarios, y nos trata de la misma manera.

Fuimos **malos** estudiantes, malos hijos, malos hermanos, malas parejas, malos trabajadores, malos padres. Nos equivocamos, fallamos, no llegamos al nivel deseado. No estuvimos a la altura de lo que se esperaba de nosotros.

Por lo tanto, no somos **dignos** de ser amados ni de recibir cariño. Merecemos nuestro sufrimiento, ser castigados y avergonzados. Merecemos ser azotados, torturados y lapidados. La vergüenza es el eco de la burla de los otros, la culpa es la colleja de la autoridad merecida.

La culpa es consecuencia del *bullying* y del *mobbing*, de la exigencia constante, del ideal de perfección y de la ilusión del control. La culpa es causante o coautora de la mayoría de los trastornos psicológicos. El padre, el profesor, el cura, el jefe, el psicólogo oficial, el gurú, el *youtuber*, el policía, el juez o la corporación juegan con ese sentimiento castigador para engancharnos, fidelizarnos, atraparnos, mantener su criterio **moral** sobre nosotros.

Ellos nos suspenden y nos aprueban, nos premian y nos castigan, directamente o por comparación.

El hijo predilecto, el alumno modelo, el empleado del mes, el ciudadano ejemplar. Todos esconden la **semilla** de la culpa en su interior, acatando a raja tabla las órdenes para evitar el sentimiento de culpa y separación.

El sentimiento de culpa es **adictivo**, nos acompaña desde la cuna como acompaña a la humanidad desde que se desarrollaron el lenguaje y la identidad. Cuando desaparece o se reduce su expresión al mínimo aparece un **vacío** incómodo que genera la idea de estar fallando a los padres, la familia, la religión, la sociedad o la cultura.

Un cliente me preguntó: «¿Cómo es que no me siento mal si he dejado de trabajar?».

A la mente *replicante*, el **virus** de la culpa le sacude, le endereza, le motiva y a través de ella saca su mejor versión. A la mente *evolutiva*, la culpa le separa, le tuerce, le apaga, le impide ser ella misma.

La peor **versión** de la culpa es la que aparece por el mero hecho de sentir o pensar algo. La culpa que gobierna con mano de hierro el mundo interior. Un sentimiento que se adhiere a todo lo instintivo y natural que se activa de manera automática. Todo lo que ocurre dentro de nosotros pero que no es nuestro.

La culpa se sirve del **pasado,** que pasado está. «No tenías que haberlo hecho», «Si hubieras pensado antes de hacerlo», «Te dije que no lo hicieras», «Si hubiera hecho aquello en vez de lo otro». Su fijación está en lo que nunca pudo ser diferente, en lo que no se puede cambiar.

Tanta culpabilidad absurda nos desborda y nos castiga constantemente. El jaque mate emocional es sentir culpa por sentir culpa. Vivimos de puntillas caminando sobre el fino alambre, sorteando avisperos. La culpa de todo la tiene el exceso de culpa. Culpa hasta por cumplir años y envejecer.

La culpa es tan **tajante** como el tono de la madre histriónica o del profesor autoritario que tuvimos. Es **simplista** porque reduce el error a un acto aislado, obviando la influencia de los otros hechos. Es **despistada** porque se olvida de la influencia del contexto, la situación, el momento y la otra persona.

Es **miope** porque ignora la previa y compleja cadena de causas y efectos que culminaron con el desencuentro. Es **injusta** porque por un error nos señala y machaca nuestra personalidad entera. Es **sádica** porque le interesan más el castigo y la humillación que la dignidad y la reparación.

¿Desconfiaste de él porque eres injusto o porque ya te había mentido alguna vez? ¿Le gritaste porque eres malo o te gritó él antes? ¿Lo rompiste porque quisiste o porque no pudiste evitarlo?

«Pero soy culpable de no saberme comunicar.» ¿Y qué tal se comunican tus padres contigo y entre ellos? ¿Te enseñaron a comunicarte emocionalmente? ¿Y si quizá sea esa otra habilidad a aprender? Y, sobre todo, ¿eres consciente de que con los padres que tuviste, con la educación que recibiste, tampoco lo haces tan mal?

La **ilusión** de que todo depende de nosotros, de que cada uno somos nuestra propia causa aislada, origen e inicio de todo lo que nos ocurre es una idea atractiva y tentadora. Nos lanza a la búsqueda del kilómetro cero, del borrón y cuenta nueva, del principio original. Por fuera aparentamos confianza y libertad, aunque por dentro sentimos una amarga **soledad**.

En realidad, nada comienza de cero, ni el propio nacimiento. Las relaciones están condicionadas por otras relaciones previas, los trabajos por trabajos anteriores. Todo son precedentes, consecuencias de consecuencias, que nos hacen tener estas tendencias, temperamentos, heridas, cicatrices, miedos, aprendizajes. ¡Cuánto daño hace la ilusión de **reinvención**!

La **libertad** de acción parte de la ilusión de que tenemos libertad de pensamiento, ya que, para la psicología oficial, la acción es consecuencia de un pensamiento previo, que es el causante de la misma. Es la lógica racional del *top-down* o la vía de arriba.

Para el *new age* Disney, primero debemos imaginar algo en la cabeza. Desearlo con toda nuestra fuerza para que se materialice por arte de magia. Porque *el universo entero conspira a nuestro favor*.

Se da por verdadera la **ilusión** de que uno elige siempre sus sentimientos, gustos, inclinaciones y deseos. Igual que se supone que **decidimos** continuamente nuestras ideas, creencias, pensamientos, juicios e imágenes mentales.

Y como **controlamos** nuestro cuerpo y nuestra mente, somos libres de elegir lo que queremos. Por lo tanto, si uno alberga emociones desagradables, tiene pensamientos difíciles o toma decisiones complicadas es por voluntad propia. O por su culpa, es lo mismo.

Porque «si quieres puedes», «si él ha podido, tú también puedes». Ya que «el mundo es tuyo», «eres libre para hacer lo que quieras», «con trabajo duro, dedicación y creyendo en ti puedes lograr lo que te propongas».

Eras libre para elegir la opción A y elegiste la B. Nadie te obligó a meterte en ese jardín y mereces las consecuencias de tu error. Y como tú solito decidiste perderte, tú solito deberás encontrarte. *Porque todos nacemos con las mismas oportunidades y las mismas capacidades. Hay abundancia para todos.*

No recuerdo el momento exacto cuando de niño fui gateando a la tienda de personalidades y elegí la que tengo. Tampoco cuando le pedí al ratoncito Pérez el tipo de infancia que quería vivir. Ni el momento en el que me operaron mi SN con tendencia simpática al cortisol y al estrés, regalo de mi madre, y me transplantaron otro mejor con tendencia parasimpática a la calma y la oxitocina.

«¡Y no juzgues!, ¡deja de juzgar!», me recriminó la última psicóloga oficial que visité, sin caer en la cuenta de estar ella misma juzgando mi propio juicio. Aquella bronca positiva solo logró confundirme más. Y que saliera de la consulta con más culpa de la que había entrado. Esta vez por no saber algo tan sencillo como dejar de juzgar.

La mayoría de los psicólogos oficiales ignoran que gran parte de los pensamientos se piensan a sí mismos, que la mayoría de los juicios se hacen a sí mismos. Creen que todo lo que ocurre en nuestra mente y de lo que nos damos cuenta nos pertenece, tiene intención y, por lo tanto, lo creamos nosotros deliberadamente.

Primero fue la **religión** y luego la psicología académica. Al principio fueron nuestros padres y después los gurús quienes nos culpabilizaron por tener sentimientos y pensamientos. «La calidad de tu vida depende de la calidad de tus pensamientos.» «La felicidad es cuestión de actitud.» «Todo es cuestión de actitud.»

«Eres el arquitecto de tu destino y creador de tu realidad», vaticinó la culpa vestida de grandilocuencia *new age*. Cuánta confusión y futura frustración camufladas de motivación y buenas intenciones.

La idea de **libertad** aplicada al mundo psicológico es la semilla del malestar emocional. Si no tienes el trabajo, la pareja, el cuerpo, la imagen y la vida ideales es porque no lo deseas o no te esfuerzas lo suficiente. Si fuéramos libres, todos elegiríamos ser inteligentes, ávidos, fuertes, invulnerables, ricos, guapos y exitosos.

La técnica, el método, el manual, el credo, el protocolo, la meditación, la medicación, el taller, el retiro, el médico, el psicólogo, el periodista, el científico o el gurú de moda nunca fallan. Si no te funciona, si no te encaja o si no mejoras es por culpa tuya.

Hoy vas a decidir dejar tu trabajo y cambiar de profesión. Mañana vas a tumbarte en el sofá todo el día. Pasado vas a empezar a beber cerveza en lugar de agua. Experimenta en tus carnes la **ilusión de libertad** que vives. Comprueba que, aunque nos encanten los cuentos infantiles, las hadas no existen.

La cultura oficial promueve **antivalores** basados en el miedo, la culpa y la envidia. Promociona los aspectos superficiales porque es miope y tiene prisa. Son principios más sencillos de representar, manejar y falsear.

Ostentación, vanidad, fama, éxito, sonrisa, economía, negocios, números, cuerpo, pareja, competitividad, trabajo, esfuerzo, sacrificio, felicidad.

PARECE QUE TENER PAREJA, HIJOS O DINERO, TENER UN CUERPO O UNA VIDA ENVIDIABLES, SON LAS ÚNICAS METAS PARA LA MAYORÍA DE LA GENTE.

La **conciencia** nace de la culpa, y sin conflicto no hay culpa. No se puede tener conciencia sin cierto grado de inteligencia, ni **inteligencia real** sin cierto grado de sensibilidad. Es probable que, si afirmas que tu infancia fue feliz, no tengas demasiada conciencia porque no habrás sentido culpa.

Por el contrario, una vez que la conciencia se expande, la culpa ya no tiene sentido como código de conducta. Igual que el sentimiento de culpa marcaba la línea roja de la moral correcta en tiempos sin código civil ni penal. Con conciencia hay valores y ya no necesitamos la culpa para controlar nuestra conducta.

Una vez que la conciencia se despliega en nuestro interior y se es consciente de las causas y consecuencias de nuestras acciones, uno ya sabe distinguir lo que para él es correcto o incorrecto, útil o inútil, fértil o estéril, adecuado o inadecuado en cada situación.

Para seguir evolucionando, uno debe ir deshaciendo esa adicción oficial al autocastigo e irse construyendo una ética y unos valores propios desde los que irse manejando. La culpa se convierte en algo inútil, como el ladrido de un perro en un balcón.

Los pensamientos y los sentimientos tampoco son una **brújula** fiable. No podemos poner nuestra vida en manos de algo tan volátil y cambiante como son esos dos fenómenos inconscientes. Debemos escucharlos, pero no podemos poner nuestra vida en manos de la inestable opinión de la mente y el cuerpo.

Tampoco podemos dejar las riendas y decisiones de nuestra vida en manos de nuestro SN. Como instrumento de supervivencia es infalible, como mecanismo de prosperidad es incierto. Si siempre hiciéramos lo que nos dice nuestro SN, nos arrepentiríamos de la cosecha y reforzaríamos la idea de que la razón (culpabilizada) es el único centro de toma de decisiones fiable.

El SN, los pensamientos y las emociones cambian; los valores y los principios permanecen. Ambos son necesarios son necesarios para emprender el viaje propio. Lo primero son las vías por donde el tren se desliza; lo segundo, la catenaria que lo dota de energía y movimiento.

La mente y el cuerpo son maravillosos, sorprendentes y acertados muchas veces. También son imprecisos, intermitentes y erráticos por propia naturaleza, sin necesidad de cometer error alguno. Sin embargo, lo importante (mis principios) es innegociable y debe **guiar** mi vida.

No sé si tengo cien por cien **claridad** en algo. Pero distingo una sensación de camino, una especie de escaleras automáticas, que siguen avanzando «a pesar» y «a través» de mis miedos e inseguridades. Va acompañando mis pasos a pesar de que a veces me salpiquen las **dudas**. Cuando lo importante guía mis pasos, mi SN confía en la catenaria y aprende a fluir más con la vida.

Lentamente, SN, sentimientos y pensamientos (la *vía de abajo*) se van reconciliando con la *vía superior* (los valores, la parte espiritual) y entonces yo confío en la vida. Al fin y al cabo, es la que ha creado mi SN y, por lo tanto, la elección de mis valores.

Es imprescindible aprender a sintonizar nuestro **instinto** con los valores. Pasar del «cuanto más sufro, más me castigo» y reforzar la culpa como **código** moral y de conducta, al «cuanto más sufro, más trato de cuidarme» y activar los valores como dirección de vida virtuosa.

Si me siento cansado, frustrado, triste o bajo de energía, me doy cariño y hago actividades que me ayuden a estar lo mejor posible, que me alivien y mantengan el autocuidado y la dignidad.

Es importante hacer las cosas para *conectar* con nuestros principios, en lugar de hacerlas para **evitar** sentir culpa. No le doy chucherías a Víctor porque me sabe mal (culpa) el largo viaje en coche. Lo hago para celebrar el principio de **justicia**. Se lo merece, me ha facilitado la conducción, ha hecho menos engorrosa la tarea de pasarnos todo el día en la carretera.

Igualmente, puedo visitar a mi abuela con mayor frecuencia porque percibo un deterioro en su salud y la quiero (valores), o puedo ir para evitar sentir culpa cuando fallezca. Vemos cómo una misma acción esconde motivaciones opuestas. Desde los valores la viviríamos con una sensación de elección, de libertad y de crecimiento. Desde la culpa, con sensación de pena, obligación y con fondo de amargura.

Un chico intenta ponerme la zancadilla en el metro. Puedo ignorarlo, preguntarle por esa acción, increparle o devolverle un empujón. Y todo ello lo podría hacer desde la culpa o desde los valores. Puedo ignorarle para evitar golpearle y sentir culpa, o hacerlo porque no está bien de la cabeza y no creo en la violencia (valores).

Puedo preguntarle para que entre en razón y entienda su acción (valores) o encararme con él para evitar sentirme un gallina, como cuando me hacían *bullying* en el colegio (culpa). Puedo darle un empujón porque creo que es lo más justo para que aprenda y no se lo haga a otros (justicia, valores, el **bien común**). O puedo hacerlo para evitar sentirme un cobarde al marcharme si no confronto a un agresor (de nuevo la culpa).

Puedo responder a la agresión para que aprenda, o hacerlo y sentir que soy malo. Puedo no pegarle porque creo en la paz, o no hacerlo para evitar después sentirme mal y culpable. La misma acción nos empequeñece (culpa) o nos hace **crecer** (principios).

A los ojos de los moralistas oficiales, podemos hacer cosas preciosas o terribles. Y ambas esconder hermosos valores de amor, respeto, justicia, belleza, responsabilidad, amabilidad, coherencia, comunicación, paciencia, lealtad, conexión, bondad.

Los mismos valores tienen significados y acciones asociadas distintas según la persona.

Es sano atreverse a cruzar los límites de los principios oficiales y dejarse sentir. **Permitirse** la rabia, la tristeza, el miedo, la culpa y la vergüenza, y seguir estirando un poquito el molde oficial hasta sentirnos más cómodos con nuestras acciones y nuestra vida.

Tu vida no es tuya hasta que estás cómodo con tus **propios** valores, sentidos por tu cuerpo y conceptualizados por tu mente, después de haber sido experimentados.

Los valores se transforman (y hasta se oponen) si tenemos tendencias *replicantes* o *evolutivas*. Para unos, la cautividad de un animal salvaje es cuidado y protección; para otros, es acuciante maltrato. La profundidad de la mirada y del nivel de análisis marca la **intención**.

Yo procuro vivir mi vida desde mis principios, no desde el miedo, la obligación o la culpa. Trato de inspirar una vida basada en la conciencia, la sensibilidad, la **imperfección**, la rareza, el cero culpa y cero vergüenza. Este tipo de vida incluye la rabia, la tristeza, el miedo y obviamente la alegría. También los errores a parte de los aciertos.

Pero mostrarme perfecto y ostentar éxito es el peor mensaje que le puedo dar a una sociedad fragmentada por la envidia y la ostentación.

Cuando puedo, me gusta aportar valor a la comunidad. A veces me meto en problemas o corro riesgos, para generar conciencia en la gente o transformar situaciones. Soy aficionado a reseñar establecimientos en Amazon o en Google Maps.

Siento que se ha extendido la aceptación de que las corporaciones engañen y maltraten a sus clientes, usuarios y consumidores. Me mueven los sentimientos de justicia, respeto y del **bien común**.

Mi hermano lo ve como un acto absurdo de **injusticia**, yo de amor, compromiso y belleza. Salimos de la misma barriga separados por trece meses de diferencia y no podemos ser más diferentes.

Mi hermano nunca rompió un plato, yo destrocé la vajilla. Él es de corte cauteloso y temeroso, yo más valiente y temerario. Él se queda en la orilla, yo voy nadando hasta la boya. Él no puede ser yo ni yo tampoco él. Nos respetamos en nuestra **personalidad** y roles asociados.

¿Qué vas a hacer si tu vecino tiene la costumbre de tirar petardos a las tres de la madrugada? Esté «cuerdo» o tenga un trastorno mental declarado, ¿vas a callarte?, ¿vas a permitirlo?, ¿vas a tratar de «poner las cosas en su sitio»?

Tampoco depende del todo de ti, sino de tu SN. Unos se callan y sufren en silencio, o se adaptan y luego los compensan. Otros salimos a encararnos, tratando de resolver las situaciones conflictivas por nuestro bienestar y el de la comunidad. ¿Es siempre inmoral la dosis **justa**, justificada y proporcional de **agresividad**?

Mi SN está bien afinado. Le repele la injusticia y no lo voy a poder cambiar. Ya lo hemos intentado infinidad de veces y siempre con los mismos resultados. Más represión, tensión, contención, explosión y de nuevo más culpa. Podemos tratar de confrontar las causas externas y dejar de intentar cambiar lo que no podemos cambiar.

También podemos marcharnos y buscar la conexión con otra gente más afín y sensible. Pero en estos casos, no dudemos que nuestro SN está bien afinado y sintonizado. En general, no se hiperactiva por capricho sino por injusticias. Apunta a la verdad, quiere evitar la sensación de soledad que nos abruma.

A **nivel emocional**, dejé de sentirme culpable por ser quien soy cuando me liberé de las espinas clavadas (la *losa biográfica* que explico en UPR), aquellas situaciones que viví en la infancia, adolescencia y primera juventud que me marcaron, haciéndome sentir inadecuado, solo, rechazado, abandonado o traumatizado.

A **nivel cognitivo**, dejé de sentir culpa cuando borré esa palabra de mi diccionario verbal.

A **nivel conductual**, cuando empecé a vivir mi vida según mis propios valores y principios éticos.

A **nivel relacional**, cuando dejé de hacer sentir culpable a la gente por no estar a la altura de lo que yo esperaba que debían ser o hacer.

A **nivel espiritual**, cuando comprendí lo absurdo que es el mensaje de libertad que nos transmite la cultura oficial.

Cualquier *lobbie* social (religión, política, psicología, medios de comunicación) que trate de hacernos sentir culpables o alimente el miedo nos quiere empujar a un pasado donde para sobrevivir tuvimos que arrodillarnos y someternos a la voluntad de otros. La **esclavitud** no es un valor, es un castigo del que se puede salir.

Ni en la sobremesa con la familia, ni en el aula con los profesores hemos hablado suficiente sobre valores. Tu padre fue tu héroe hasta que le viste la careta. Tu madre fue una santa hasta que la pillaste maldiciendo. Los profesores te decepcionaron porque predicaban sin ejemplo. Igual que el cura y la gente popular y mediocre.

Difícilmente, una persona *evolutiva* de adulto seguirá teniendo como **referentes** a sus padres. La familia le ha culpabilizado y acaba buscando el elixir lejos, experimentando la vida. Probando, viajando, mezclándose con el mundo que le esquiva.

Somos lo que leemos, escuchamos, vemos, miramos, seguimos, somos lo que nos atrae y no elegimos ser atraídos. Un referente revela tu lado oculto. Dime a quién sigues y a quién admiras y te diré quién eres.

Si admiras a gente atormentada, estás (o has estado) atormentado. Si admiras a gente que se muestra perfecta, la culpa te carcome dentro y finges como ellos. Si admiras a gente cercana y natural, tarde o temprano te permitirás ser quien eres. Harás las paces contigo y saldrás del armario de la culpa.

Henry Rollins fue mi padre. Lo conocí a los dieciocho años gracias a un artículo en una revista de música rock. Me impresionaron su envergadura, su mirada penetrante, sus tatuajes y su pelo corto con raya al lado en una tribu musical donde la mayoría llevaba el pelo largo. No bebía, no fumaba, leía a Kafka y Nietzsche, jugaba al ajedrez. No tenía pelos en la lengua y sus reflexiones eran brillantes.

Me hice con todos sus cedés y varios de sus libros en inglés. Su música era pura agresividad y me permitía drenar mi rabia y mi frustración. Sus letras, introspectivas y profundas, ponían palabras a mi dolor con el mundo de los adultos. Llené mi habitación con sus pósteres, me apunté al gimnasio e hice mías sus referencias.

Aquel mismo año le conocí cuando vino de concierto a Barcelona. En la sala me sentí eufórico, extático, *adrenalínico*. Fue una experiencia de arte, violencia e intensidad que nunca antes había experimentado.

Al terminar el concierto lo esperé a la salida para que me firmara un autógrafo. Me quedé en blanco cuando lo vi salir. Le toqué un hombro y parecía de piedra. De cerca tenía una actitud tímida y fría. Me firmó un póster y me marché a casa con una mezcla entre iluminación y nostalgia.

Fue el primer personaje famoso al que veía abrirse en canal en público. Revelaba al detalle sus secretos de infancia, hablando sin pelos en la lengua de sus obsesiones y complejos, poniendo sus vísceras sobre la mesa. «La verdad es mi escudo, si no escondo nada, no tengo que huir de nada.»

Quizá con Henry se empezó a cocer el caldo de la **psicología REAL.** Ser REAL es hablar desde quien somos no desde quien nos gustaría ser. Va de mostrarnos cómo somos, no cómo nos gustaría que nos vieran. Con **dignidad**, **sin culpa** y **vergüenza.**

La función de nuestros referentes es ampliar las opciones y ofrecernos nuevas **posibilidades.** Iluminar nuevas sendas, el abanico entero de tonalidades. Mostrarnos nuevos roles, nuevos rincones, aspectos latentes que desconocíamos, descubrir los espacios comunes con otras personas.

Los referentes nos ayudan a poner palabras a los bloqueos; a identificar puntos ciegos, a valorarlos, a aprender de ellos; a normalizar las dificultades personales. Nos aligeran el sentimiento de culpa y de vergüenza al sentir la liberación catártica de ciertos aspectos difíciles de nuestra propia historia o de nuestra personalidad.

Nos sentimos más **comprendidos** y seguros, menos solos al sentirnos conectados con alguien que admiramos. Embellecen lo mediocre, el mundo es menos monótono y feo.

A través de los referentes vamos probando y destilando nuestro propio corpus de valores, un nuevo sistema de creencias. Nos ayudan a dejar atrás la culpa familiar. Vamos descubriendo nuevos gustos, tendencias, deseos, talentos, dilemas. Cruzamos a la otra orilla del río de la tradición, comprobamos de qué estamos hechos. Su arte, su mensaje nos sosiega la forma (el cuerpo) y nos completa el fondo (el alma).

Los verdaderos referentes no minimizan ni nos provocan envidia, no culpabilizan ni nos manipulan. Nos insuflan autenticidad, energía creativa, creadora y vitalista. Nos inspiran sin empujarnos, nos invitan sin coaccionarnos. Nos facilitan, nos aligeran, nos elevan. Nos inspiran a ser más auténticos, a atrevernos a expresarnos más quiénes somos.

Los referentes nos atraen porque en su presencia la culpa se evapora temporalmente. En su lugar emerge una sensación de sentido y libertad. Su historia nos conmueve, nos identificamos con su biografía. Activan nuestros talentos, nos hacen crear, creer y soñar. Hacen que aparezcan nuevas soluciones a viejos problemas.

No nos señalan las carencias, nos encienden los **talentos**. No se colocan por encima, no se suben a nuestros hombros para parecer gigantes. Nos ayudan a crecer, a crear, a construir.

Validan nuestra experiencia. Su viaje acompaña a nuestro viaje. En el fondo sentimos que nos comprenden porque han pasado por lo mismo. En la distancia, son más íntimos que muchos de nuestros familiares, más generosos que muchos de nuestros amigos.

Igual que el **faro** no ciega con su destello al barco, el referente solo ilumina su camino hacia el puerto. Nos permite evolucionar conduciéndonos hacia lo REAL. Para ello se muestra tal cual es, con sus contradicciones y complejos, lleno de rareza y humanidad.

Rellenan los **vacíos emocionales** que nos dejaron padres y familiares. En situaciones de desorientación nos vienen a la cabeza. Más aún si la moral oficial nos ha desorientado o su ausencia nos ha dejado tirados en el desierto.

La gente que admiramos habla públicamente de lo que de verdad siente. Sin tapujos ni edulcorantes. Son quienes más nos ayudan a firmar la **paz** con nosotros mismos. Nos ayudan a naturalizar los pensamientos difíciles que la cultura oficial ha culpabilizado.

Es humilde, se quita importancia. Reconoce la suerte y los condicionantes de sus logros.

La **ausencia** de referentes hace que acabemos siguiendo a regañadientes los pasos de nuestra familia. No tenemos más opciones que la tradición de la cuna, la cual representa el **estándar,** el camino y la mente. A no ser que estemos en la forma de vida 1 (capítulo 1), sufriremos la desmotivación de nuestro círculo y la falta de creatividad y de autenticidad de los exponentes de la cultura oficial.

Sin referentes, flotamos a la deriva siguiendo el ritmo de la cultura oficial. Aburridos, apagados, **sinsentido.** Sin referentes, nos los acabarán imponiendo, pues estamos huérfanos de conexión y sentido, que es la función de estos. Todos tenemos referentes; de algunos somos conscientes y encajan con nuestra vida, otros son inconscientes y nos los impone la cultura popular. Son patrones que se repiten y que hacen que la persona sienta que encaja, pagando el precio de sentirse vacía o manipulada.

Los **falsos referentes** se colocan por encima de ti, mostrándose divinos, ostentando, generando distancia psicológica, creando relaciones ascendentes, dependientes, condescendientes, abusando del falso poder que les has otorgado. Los falsos referentes son impostores, embaucadores, mentirosos.

No elegimos voluntariamente a nuestros referentes. La **conexión** se da sin forzarla. Una sintonización espontánea tiene lugar entre dos SN. Se entrelazan dos historias, la del artista y la del seguidor. La obra y el espectador se convierten en lo mismo. Es una comunión orgánica. Igual que la clavija encaja en la toma de corriente y se enciende la luz.

LA RAREZA ATRAE A LA RAREZA COMO LA INTELIGENCIA ATRAE A LA INTELIGENCIA, LA SENSIBILIDAD A LA SENSIBILIDAD, LA CREATIVIDAD A LA CREATIVIDAD Y LA BELLEZA A LA BELLEZA.

De repente aparece un referente en tu vida y aparece la respuesta, cesan las preguntas, se resuelve el galimatías, se vislumbras la salida del laberinto y cae un peso.

Se establece una relación anónima, pero íntima. Se ha convertido en una imagen mental que te modela, te saca de apuros y te acompaña a todas partes. Tienes un nuevo **hogar**, ya no estás huérfano, ya no caminas solo. Su camino es tu camino con distintos paisajes y bifurcaciones.

Cuando muere un referente, muere algo profundo en ti. Estás de duelo, igual que cuando muere un familiar o un ser querido.

A través de su mensaje, su arte, su ejemplo, hemos vivido más esperanza, comprensión, fortaleza, belleza, calor o inspiración que con la mayoría de la gente que hemos conocido en persona. Ha estado presente en muchas de nuestras aventuras y desventuras, encuentros y desencuentros. Con ellos nos quitamos el estigma de la culpa y sentimos por primera vez **la belleza de nuestra rareza.**

Personalmente, cuando fallece alguno de mis referentes, vuelvo a sus libros, a su música, a sus fotos, a sus letras, a su mensaje, y me permito la tristeza y la nostalgia. Hasta en la muerte me enseñan. Todo se acaba, nada dura para siempre. Ellos solo se marchan primero.

Mis **referentes personales** me enseñaron a hablar, a pensar, a escribir, a cantar, a tocar la guitarra, a caminar, a gesticular, a hacer amigos, a gestionar las emociones, a soñar, a viajar, a mantener intactos mis sueños, a amar mi rareza, a suavizar la culpa, a encontrar mi propio camino, mis reglas, mi moral y mi ética.

La mayoría fueron cantantes de rock, escritores, actores, músicos, emprendedores, aventureros, deportistas. Seres creativos, carismáticos, magnéticos, polémicos, transgresores, diferentes, **raros**, extraños, especiales sin forzarlo ni ser histriónicos. Gente que sin buscar dar la nota destacó en un ámbito por su **fortaleza y firmeza,** por su sensibilidad y profundidad, o por su inteligencia o valentía.

Gente que lo tuvo difícil, que nadó a contracorriente, adelantada a su época. Fue debido a esa oposición externa que nos abrió camino, nos ensanchó las costuras, nos hizo hueco a los demás. Gracias a ellos nos permitimos más nuestras rarezas, las vimos antes en ellos. Es por ellos, que hoy somos más nosotros mismos.

El mensaje más **bello** que recibo de mis lectores, clientes y seguidores de las redes sociales es que sienten menos culpa y se permiten ser más ellos mismos. A través de mi ejemplo se viven con más acierto y menos error. Se sienten más ligeros a través de lo REAL.

5.
LIBERTAD

Un hombre puede hacer lo que quiera,
pero no puede elegir lo que quiere.

ARTHUR SCHOPENHAUER

Hoy es un gran día. A partir de hoy, todos tus sueños van a realizarse. Vas a comprobar que puedes lograr todo lo que te propongas. Solo tienes que **pensar en grande** y abrazar lo que es tuyo por nacimiento. Tienes que desearlo lo suficiente, todos hemos nacido para ser felices y vivir en paz y en abundancia. Si no lo logras es porque aún no te crees que lo mereces lo suficiente. Si fracasas es porque estás haciendo algo mal. Todo depende de ti, tu éxito o fracaso es una mera **elección**.

Mario es **libre**. Ha tomado conciencia de ello y, partir de hoy, va a **decidir** hacer lo que quiere ser porque es libre.

Puede elegir dormir tantas horas como quiera, el sueño va a ser reparador. ¿Por qué no dormir nueve horas y media del tirón? Va a cortarse el pelo a su gusto sin importarte lo que piensen los demás. Va a trabajar doce horas seguidas sin agotarse. Es heterosexual, pero hoy le van a atraer los chicos y va a tener su primer *affaire*. Además, va a convertirse al islam. Le va a tocar el Premio Gordo de la lotería. Va a hacerse vegano de golpe.

María es **libre.** Ha tomado conciencia de ello y ha decidido crecer diez centímetros. Cambiar su color de ojos y dejarse barba espartana. Quedarse embarazada y descubrir la solución al cáncer. Vivir de noche y dormir de día. Irse a vivir sola. Y le va crecer pelo liso de sus folículos. Va a dejar de comer y se va a alimentar del aire. Va a tener un fototipo de piel seis siendo hija de europeos blancos. Se va a enamorar locamente de alguien y va a cantar un bingo.

¿Cuántos quieren ser ricos y cuántos lo logran? ¿Cuántos quieren libertad financiera y cuántos lo logran? ¿Cuántos quieren un cuerpo natural de infarto y cuántos lo logran? ¿Cuántos quieren ser felices en pareja y cuántos lo logran? ¿Y qué significa ser rico? ¿Qué significa la libertad financiera? ¿Qué significa tener un cuerpo atractivo? ¿Y qué significa la felicidad? ¿Y la felicidad en pareja? ¿Qué significa todo eso? ¿Hay una única definición general y universal para todos? ¿Todo significa lo mismo para todo el mundo?

La vida es más bonita con ilusiones y **sueños**. A nivel psicológico es sano aspirar a cosas bonitas y mejorar nuestra situación actual. Aunque si esos sueños no encajan con nuestros talentos, tendencias y limitaciones, los sueños se convertirán en **pesadillas**. La vida será una pendiente constante, un *viacrucis* insufrible, un esfuerzo *sisífico* (inútil) donde con cada ilusión de ascender un peldaño, acabaremos descendiendo dos. Y donde vayamos arrastraremos el peso de la cruz de la culpa y la vergüenza con nosotros.

Libertad es la facultad natural de obrar o no obrar de una manera u otra, siendo responsables de nuestros actos. Libertad es no ser esclavo, no estar preso, no estar sujeto o subordinado a nada ni a nadie. La libertad es un valor que asegura la **libre determinación** de la gente.

La libertad es un **derecho fundamental** del ser humano civilizado dentro de un sistema democrático. Es la facultad para hacer lo que las leyes permiten y no perjudica al resto. Además, los derechos fundamentales (los derechos humanos) garantizan jurídicamente la libertad para el desarrollo de nuestra personalidad.

Por lo tanto, todos disponemos de libertad de pensamiento o **ideología,** de expresión u opinión; libertad de conciencia, credo, culto o religión; libertad de información y de enseñanza, de comercio y de consumo; libertad de asociación, de empresa y sindical; libertad a la vida privada y a la circulación.

Es importante conocer lo que la gente (basado en una encuesta de unas doscientas personas de cultura latina entre clientes, familiares, amigos, conocidos y desconocidos) entiende por libertad o por **ser libre**. Para la mayoría, libertad significa hacer lo que quieres o a uno le apetece: «Hacer lo que me dé la gana» (sic) o «Que nadie me diga lo que tengo que hacer» (sic). Para otros, libertad es tener suficiente dinero como para no preocuparte por él (o ser rico).

También significa tener libertad financiera o gozar de tiempo libre o ser dueño de tu tiempo (de tu agenda). Es poder comprar o viajar cuando se quiera; tener flexibilidad laboral (libertad de horarios); poder trabajar en remoto (libertad de ubicación, o ser nómada digital). Es tener libertad sexual; libertad en el tipo de relación romántico-amatoria (cerrada o abierta, mono o poliamorosa). Para otros, libertad es no tener ansiedad, poder respirar tranquilamente.

La juventud confunde más querer con poder. Mezcla el **deseo** (a menudo creado y mediatizado por la propia cultura oficial) con la posibilidad, la idea con el hecho, el pensamiento con la situación. La juventud es más idealista, inexperta, entusiasta y vulnerable a la idea mercantilista de libertad, de que la vida es una carta blanca.

La gente más joven es la que sufre más el **atrapamiento** de la cultura oficial. Es más vulnerable al concepto básico y primario de libertad, el «hacer lo que me dé la gana». Básicamente, asocian la libertad a dar rienda suelta a las pulsiones básicas de su SN. También simplifican la idea de libertad a la autonomía acción o de movimiento, «ir donde quiera cuando me apetezca».

Para la gente mayor *replicante*, la noción de libertad va unida a los valores oficiales, los superficiales, como tener autonomía económica o laboral.

Sin embargo, para el expresidiario libertad es no tener privación de ella. Aunque grandes personajes de la humanidad como

Victor Frankl, Nelson Mandela, José Mujica o el propio Mario Conde afirmaron que nunca habían sido más libres que en prisión. Allí saborearon una **libertad interior** nunca experimentada antes. Estudiaron y escribieron a sus anchas, movidos por una sensación de causa mayor que sublimaba el deseo de libertad primario personal. Representó para ellos la victoria de la libertad superior de sus principios morales y espirituales frente a la privación de libertad primaria, la de movimientos. Hay más esclavos en libertad que en cautiverio.

Además, hay culturas más conservadoras, basadas en tradiciones y religiones ancestrales. También hay culturas más progresistas basadas en «valores» y «democracia». En las tradicionales, el nivel de represión y censura es mayor; en las progresistas, *a priori* menor. En la segunda, la sociedad de consumo ofrece más tonalidades al individuo y, por lo tanto, este, saborea una mayor percepción de libertad, aunque sea estética o de consumo (más canales de televisión, más presuntas opciones de encontrar pareja, etcétera).

La libertad es un concepto resbaladizo. A unos romper la norma, saltarse las obligaciones o quemar el libro de instrucciones les hace sentir más libres. A otros, esas acciones les harían sentir esclavos de sus pasiones. Para unos, libertad significa estar libre de obligaciones; para otros, cumplir con ellas a pesar de que a veces no apetece.

En un **nivel de análisis** más profundo, solo siguiendo las normas podemos disfrutar de la verdadera «sensación» de libertad. Igual que las aguas del río descienden libres porque siguen el cauce, o conducimos tranquilamente porque seguimos unas señales de tráfico.

Por lo tanto, según el contexto, no hay libertad sin obligaciones que cumplir, y el instinto nos dirige al precipicio de las tentaciones.

Igualmente, hay gente que se siente libre siendo su propio jefe, escogiendo sus horarios, su salario y su profesión. Otros que sienten esa libertad de forma contraria, teniendo nómina, siguiendo unos horarios y sabiendo dónde van a estar en todo momento.

HAY GENTE QUE LLEGA A LA LIBERTAD POR EL CAMINO DE LA SEGURIDAD, Y OTRA SALIÉNDOSE DEL PUERTO SEGURO.

Hay gente que asocia libertad a seguir el **dictado de su corazón,** y otros que lo unen a **resistir las urgencias** del sentimiento y actuar según los valores. Para unos, libertad es el imperio de la razón, la reflexión y la filosofía; para otros, el reino del sentimiento, la fantasía y la imaginación.

Hay gente que de nacimiento tiende a conformarse y someterse, y otros que tienden a rebelarse y oponerse. Ambos encuentran la comodidad en direcciones opuestas. La forma más rápida de saborear la libertad es actuando como uno realmente es. El *evolutivo* se rebela, el *replicante* se conforma. Los dos son como son.

El animal que nace y crece en cautiverio, de adulto se siente libre en la jaula. Es cuestión de tiempo que la mayoría de SN se adapten a las circunstancias y las conviertan en su hogar elegido. El toxicómano se cree libre porque se administra la dosis dónde y cuándo quiere. El *homeless* prefiere la fría noche solitaria al cálido albergue lleno de normas.

El concepto de libertad es dependiente del **contexto,** la situación, la cultura, los valores, la edad, el género o la personalidad. Por lo tanto, es un término relativo, tendencioso y poco «libre» en sí mismo. Es otro concepto talismán que la cultura oficial utiliza para encandilarnos y distraernos con la promesa de la perfección y el castigo de la culpa.

La libertad es una idea borrosa impuesta oficialmente, dada por hecha y poco cuestionada individualmente. Si nuestro SN ha decidido por nosotros nuestras tendencias y preferencias, y la cultura oficial nuestros derechos y deberes, ¿somos realmente libres? Puede que a nivel fisiológico o cultural no lo seamos, aunque a nivel psicológico necesitemos de esa sana **ilusión** para funcionar óptimamente. Al igual que lo es tener los distintos niveles claros y saber manejarlos para que la religión de la culpa no nos convierta en adeptos.

Puedes pedir lo que quieras del menú, ¿eres libre de comer lo que quieres? Si las opciones han sido delimitadas de antemano, **¿somos realmente libres**?

El mamífero es siervo de sus instintos de protección, supervivencia y socialización, vive libre en la naturaleza e igualmente amenazado por ella, por otros depredadores y por las inclemencias meteorológicas. El perro es prisionero de sus instintos, pero vive seguro en cautiverio, privado de su libertad. ¿Por qué se da por hecho que la libertad es un valor superior a la **seguridad**?

¿Somos más felices cuanto mayor grado de libertad disponemos? ¿Cuánto más dinero y tiempo libre tenemos? ¿Es la libertad el carril directo hacia la felicidad? ¿Cuántos más grados de libertad disfrutemos, mejor nos sentiremos siempre?

¿Por qué nos quieren hacer creer que libertad y felicidad son sinónimos, y correlacionan positivamente? ¿A quién beneficia?

¿Cuál es tu color favorito? ¿Y tu comida favorita? ¿Tu estilo musical favorito? ¿Qué tipo de mujer u hombre te atrae sexualmente?

¿Puedes **elegir** cuándo tener hambre, cuándo tener sed, cuándo dormirte, cuándo hacer un amigo para toda la vida o cuándo enamorarte? ¿He **decidido** yo que no me guste la cebolla y deteste las fiestas populares?

¿Recuerdas haber elegido tu temperamento, tu coeficiente intelectual, tu coeficiente emocional, tu grado de sensibilidad o de introversión, los traumas infantiles que viviste o el estilo educativo de tus padres? ¿Elegiste ser heterosexual o bisexual? ¿O incluso tu género fluido?

¿Elegiste el país donde naciste? ¿La religión que dio contenido y forma a tu cultura y tus tradiciones?

En estos momentos, tu vida entera es el **resultado** y depende de todo eso tan intangible e invisible que no elegiste, lo que te hace ser quién y cómo eres.

Aquí y ahora.

La mayoría de la gente ha sucumbido a la **trampa** de la libertad y están convencidos de que ellos han elegido sus aficiones, sus talentos y limitaciones. En el fondo sienten mucha culpa.

Yo no elegí que me gustara el rock, el rock me eligió a mí de alguna manera.

Una noche de verano, a los catorce años, en el balcón del piso de verano, estaba con los auriculares puesto y apareció un *riff* de guitarra del grupo The Cult.

De repente, sentí alivio, levedad, ligereza, hormigueo, sencillez, claridad. Sentí cómo se abría y se expandían mi estómago, mi corazón, mis pulmones, mi mandíbula. Se deshacían algunos nudos internos y encontraba sosiego.

Las imágenes que aparecieron en mi cabeza estaban llenas de confianza, alegría, esperanza y ganas. La vergüenza se transmutó en seguridad. El enchufe había entrado en la toma de corriente y se había hecho la luz.

Escuché la cinta varias veces aquella misma noche. El placer fue tan grande, el **efecto terapéutico** tan revelador, que mi SN pedía más y más. Y seguimos repitiendo.

Ya nunca más dejé de escuchar rock, fue la banda sonora de mi turbulenta adolescencia y mi juventud. Con ese sonido agresivo apareció una tribu, una estética, una cultura paralela a la oficial.

Un nuevo mundo había empezado en un balcón de noche, con un *riff* de guitarra. De repente, sin tenerlo planeado.

Yo no elegí que me gustaran los **tatuajes**, los tatuajes me eligieron a mí.

De adolescente mi habitación estaba empapelada de pósteres de bandas de rock. Todos llevaban tatuajes, y por admiración, imitación y sensación de pertenencia, de adulto acabé llevando tatuajes.

Nos convertimos en nuestros referentes. Es así de sencillo.

Yo no elegí ser **psicólogo**, ser psicólogo me eligió a mí.

Acabé harto de la carrera de Psicología, no creía en la psicología académica (para más detalle UPR). Al terminar los estudios oficiales supe que nunca ejercería.

Tres años después me marché a vivir a California, donde experimenté profundamente varias prácticas espirituales y otros tipos de psicoterapia.

Después regresé a Barcelona, y siete años después, sin forzarlo, abrí mi consulta de psicología.

Yo no elegí ser **escritor**, ser escritor me eligió a mí.

Siempre fui un gran lector y se me dio bien escribir. Reflexiones, relatos, historias, poesía, novelas. Iba a todas partes con mi libreta y el boli en el bolsillo, tomando nota de todo. Intenté que mis escritos fueran publicados y nadie me dio la oportunidad.

Al cabo de cinco años de haber tirado la toalla en mi vocación de escritor y haber iniciado mi profesión de psicólogo, una editorial me propuso compilar mis reflexiones en un libro que se llamó *Manual de Espiritualidad Rebelde*.

Cuando yo quise no fue. Ocurrió cuando ya había tirado la toalla.

Aunque solo son cuatro ejemplos, la vida funciona así. Tengo decenas de anécdotas que confirman que no he decidido la mayoría de las cosas relevantes que he vivido. Simplemente, han sucedido. A menudo viviendo la vida, no estando tumbado en el sofá de casa.

La elección, la selección y la decisión son procesos más **viscerales** de lo que creemos. Más autónomos a nuestra voluntad y previos a la razón de lo que nos atrevemos a creer.

En realidad, es un **chasquido** que surge de abajo y brota. Sencillamente ocurre, se da, y al sentirlo con el cuerpo, y observarlo y analizarlo con el pensamiento, creemos que lo hemos activado nosotros racionalmente.

De esta manera, reforzamos el **espejismo** de libertad, revertiendo ese **proceso natural y orgánico** y haciendo que parezca más *top-down* o racional.

El árbol crece de la raíz a las ramas, y no al revés. El momento presente emerge del momento pasado, y no al revés. La época adulta sigue a la infancia, y no al revés. La razón y el sentimiento salen del SN, y no al revés.

La **transformación inherente** a la vida es hacia delante y hacia arriba. *A priori* todo cambio es posible y tiene cabida. Aunque se dará solo cuando toque y llegue el momento. Solo cuando múltiples causas y condiciones lo hagan posible.

Una cosa es lo que ocurre en mi cabeza y otro lo que ocurre en la vida. Una cosa son mis pensamientos y otra los **hechos**. A veces coinciden, otras se oponen.

Cinco monos deciden saltar de una rama a un estanque, ¿cuántos monos quedan en la rama? Los cinco decidieron saltar, pero no lo hicieron. Querer nunca fue poder, aunque a veces coincida.

Yo puedo decidir ir a comer a un restaurante italiano en lugar de un japonés, y acabar en un libanés. El italiano estaba cerrado, en el japonés no había sitio. La vida siempre manda sobre la mente.

EL CONTROL ES UNA FANTASÍA Y MUCHA COINCIDENCIA.

Una vez soy consciente de esta posibilidad, la he reflexionado, cuestionado, sometido a prueba y error. Nada tiene por qué cambiar del todo. Aunque a la vez todo puede cambiar.

Solo estoy un poco más atento a los lugares donde me quiere meter y sacar la vida.

Durante el año 2022 quería dejar el piso que había alquilado en Barcelona en el 2021. Estaba harto de la ciudad, me sentía mustio y aburrido. Durante meses cotejé varias opciones, me esforcé en buscar información de distintas regiones, ciudades y países. Nada encajaba del todo.

Una repentina conversación casual con una persona que apenas acababa de conocer me puso sobre la pista de mi nuevo destino.

Supe leer el mensaje y allá me mudé a finales del 2022. Convencido de que tocaba marcharme una temporada a un pueblo del que hasta entonces nunca había oído hablar.

Un día, durante la primavera del 2023, aparecieron imágenes veraniegas en mi cabeza. Intuí que pasaría julio en Estocolmo y que en agosto viajaría por el norte de España, evitando a toda costa quedarme en una ciudad y, sobre todo, sufriendo el calor de Barcelona.

Detesto el calor tropical español y la temporada oficial de vacaciones para mí es la peor época del año. Hace un calor extremo, los sitios están masificados y los precios están por las nubes.

Al final, el mes de julio lo pasé en Estocolmo, pero en agosto no salió nada en la zona fría de España y me tuve que quedar en la asfixiante Barcelona.

No me gustaba, pero no luché contra mi **destino**. Salió fácil. No me apetecía, pero era lo que más me convenía.

Al final, acabamos yendo siempre hacia donde nos toca. Hacia donde somos invitados o empujados si nos resistimos. Vamos donde llamamos y se nos abre la puerta. Donde somos recibidos.

La **cultura oficial** nos educa para esforzarnos, sacrificarnos y ser reducidos por el sistema educativo oficial primero y el mercado laboral después. Es difícil escapar de ese **atrapamiento cultural,** y menos si no disponemos de economía propia.

Sin embargo, una vez hemos doblado la esquina de los treinta, es importante soltar tanta exigencia externa y parar un rato. Aprender a conocernos, comprendernos, observarnos y **elegir** las opciones más acordes a nuestra forma natural de **ser**.

Lo ligero es sostenible, nos lleva más lejos.

Muchas cosas bellas o importantes de mi vida me han pasado de golpe, sin tener que hacer mucho. Solo saliendo, charlando, intercambiando, escuchando, observando, recibiendo, esperando, dejando **pasar** el tiempo.

Incluso han ocurrido cuando yo estaba apuntando a otro sitio. Empecinado con la siguiente decisión, el siguiente paso que debía dar.

Dicen que **el hombre propone y la vida dispone.** Por mucho que la mente imagine, la vida siempre decide si nos concede o no.

Que nos dejemos llevar por los hechos no es **garantía** de que el resultado sea más cómodo o bonito. Sin embargo, es el **mejor antídoto** contra la parálisis por análisis y la inutilidad de la rumiación mental.

Ante la duda, sigo por donde se abren las puertas y dejo que la vida decida a través de los hechos y las situaciones concretas. Así salgo del bucle la mente y vuelvo al flujo de la vida.

A veces, los hechos duelen, pero no pueden estar equivocados. Nos obligan.

Aquella mañana de sábado me desperté reflexionando si, después de desayunar y pasear a Víctor, iba a hacer ejercicio físico o iba a bañarme al mar. Todavía no lo tenía claro cuando cerré la puerta de casa y me di cuenta de que me había dejado las llaves dentro. Tampoco llevaba el móvil ni la cartera encima.

Hacía poco que me había mudado a un piso nuevo y aún no tenía los automatismos internos activados.

Tuve que ir a casa de mi tía a buscar una copia de las llaves. Caminé siete kilómetros cuesta arriba aquella mañana. Ni desayuné en casa ni hice ejercicio ni me bañé en el mar.

El día imaginado había cambiado **radicalmente,** aunque saqué dos aprendizajes: la importancia de chequear que llevo las llaves antes de salir de casa y la necesidad de saber **adaptarme** a la situación. La que tengo, no la que pensaba que iba a tener.

Los hechos mandan sobre las ideas. Comprender esto significa soltar el autorreproche, la culpa y, sobre todo, la dañina ilusión de libertad.

¿Qué habría pasado si mi tía se hubiera marchado de fin de semana? ¿Qué habría sido de mí sin móvil, llaves, dinero ni carnet de identidad? ¿Cómo se habría resuelto la situación?

«Cree en Dios, ora a Dios, pero al salir de casa cierra la puerta con doble llave», reza un dicho popular indio.

6.
ACEPTACIÓN

El azar tiene reglas muy crueles.
Si comprendes las reglas, aceptas mejor la vida.

ARTURO PÉREZ-REVERTE

La palabra «aceptación» es otra **palabra talismán** y, por lo tanto, otro anzuelo y comodín. El gobierno se la transmite al ciudadano cuando vienen mal dadas, la religión al feligrés para convencerle, el falso gurú para abusar del alumno. El laico la utiliza porque está de moda y suena poderosa, o cuando ignora qué decir o qué hacer. «Es lo que hay», «Hay que aceptarlo».

También se suelta para escurrir el bulto y dejar de ser molestado. «Acéptalo», «Tienes que aceptarlo».

En general, se desconoce su significado y su mecánica. Se confunde aceptar algo con que nos guste algo o se cree que es un fenómeno mental sencillo. Como un botón que se aprieta, algo que ocurre al principio y rápido o no ocurre. Además, se cree que la aceptación tiene forma de silogismo o de cálculo matemático y depende de un esfuerzo racional.

Sin embargo, la aceptación es un proceso que consta de **distintas etapas.** Es una sucesión progresiva o un continuo dividido en fases. Podemos aceptar algo de manera racional, emocional, somática o corporal, conductual y/o espiritual. Podemos aceptar la existencia de Dios, pero no aceptar al vecino. Podemos aceptar la afrenta de nuestro padre el día de su cumpleaños (aceptación racional), pero todavía sentir un vuelco en el estómago cuando lo recordamos (no aceptación somática).

Podemos aceptar nuestro **mundo interior** (cómo somos) y no aceptar lo de fuera (cómo es el otro), y al revés. Puedo aceptar algunas partes de mí, o todas, o ninguna. Igualmente, nos puede pasar con la otra gente. Podemos aceptar ciertos aspectos de los otros (cuando está simpático), pero la totalidad (siempre) es más complicado.

Además, es más fácil aceptar lo que nos conviene que lo que nos incomoda. Es más sencillo aceptar cuando la dificultad salpica al otro que cuando nos explota en nuestras carnes.

También depende del **contexto,** del momento, de la situación, del nivel de energía de cada uno. Por ejemplo, si se ha descansado bien o después de una buena comida, uno suele tener mejor humor y ánimo, y tiene una mayor facilidad para abrirse y fluir con los acontecimientos de la vida. Por el contrario, cuando uno está estresado o tiene un pico de estrés alto, se tiende a chocar, rozar y resistirse más a las situaciones desfavorables de la vida.

Además, al estar de moda, se suele confundir aceptación con otros conceptos como sumisión, resignación o servidumbre, por un lado, y optimismo, pacifismo o incluso supremacía moral, por el otro.

La **aceptación** también está sujeta a nuestra personalidad y a nuestro SN. Hay gente con una tendencia natural mayor a la apertura, la flexibilidad, la tolerancia y la adaptación ambientales. Hay gente que tiene más **facilidad** para coger la vida tal como se les presenta y adaptarse al curso natural de las cosas.

Sin embargo, otra gente (entre la que me incluyo), a pesar de ser sensibles, es decir, mutables e influenciables por las condiciones del entorno, hemos nacido con un **SN más rígido.**

Tal vez fuera por las peculiares circunstancias de mi gestación, el SN alterado de mi madre alteró el mío. O fue más por aprendizaje, como resultado de una educación represiva y poco comprensiva.

Sea como fuere, de niño el mundo de los adultos (padre, familiares, profesores, etcétera) intentó cambiarme a base de castigos e inyectarme culpa.

No recuerdo que nadie aceptara mi **manera natural de ser,** ni me aplaudiera por ser yo mismo. Por lo tanto, ya sea por tendencia temperamental o por carácter, de mayor mi tendencia ha sido a defenderme de las influencias del entorno para poder ser yo mismo. Alrededor de mi SN creció una cutícula, una callosidad, una mampara protectora cuya función fue defender mi parte blanda y vulnerable.

Como consecuencia, de adulto no acepté a nadie y traté de cambiar a todos: familiares, jefes, amigos y parejas, sin ningún éxito, claro. A base de golpes, me había convertido en un martillo y devolvía los golpes para que sintieran la culpa y la vergüenza que había sentido yo antes. De las fauces de la dictadura familiar había nacido otro pequeño dictador. Suele ocurrir, es un disco rayado, somos poco originales. Aprendemos **por plagio o por contraste,** y entre esos dos extremos encontramos nuestro propio punto medio.

Personalmente, como *mente evolutiva* que tengo, empecé copiando la dominancia e intolerancia férreas de mi padre, para pasar, décadas después, a la docilidad falseada del *new age* Disney. En mi caso, el **engaño** era más flagrante. Si naces lobo, ni pintándote de blanco pareces una oveja. En la actualidad, estaría en el punto medio elástico de los extremos tolerancia-intolerencia, flexibilidad-rigidez, aceptación-resistencia de la Sergiedad. No de los conceptos abstractos generales.

Cada uno nace de una cuna y carga con sus circunstancias. Mi tendencia a la aceptación depende de mi nivel de energía o de estrés y de otros factores, como el clima o la temperatura. Pero en general, me permito todo por dentro, me comprendo mejor a mí y a la vida. Y me peleo menos con la corriente de lo que toca.

Aceptar no es un truco para estructurar el pensamiento, engañar al cuerpo y salir del paso. Tampoco es un peldaño para elevarnos sobre los demás y alcanzar un nuevo estatus de alegría y optimismo. Aceptar no es sonreír ante la adversidad o adquirir inmunidad ante las amarguras de la vida.

Aceptar es acompañar el paso, amoldarnos, adaptarnos, acoplarnos. Es abrirnos, admitir, asumir, acoger, recibir. Es aprender, acostumbrarnos, darlo por válido. Es acoger, asentar, asimilar, conformarse, consentir. Es invitar, incluir, encajar, digerir, metabolizar, integrar. Es dejar de fingir, de aparentar y empezar a reconocer y a ser humildes.

Aceptar es ceder, desistir, dejar de luchar, dejarlo estar y dejar de intentar resolver. Es comprender que no fue un problema hasta que se trató de resolver. Es dar espacio, hacer hueco, ganar distancia, adquirir perspectiva, dejarte tranquilo un rato. Es *defusionarte*, soltar la toalla de manera creativa y dejar de tratar de evitar lo inevitable. Es dejar de oponernos, de resistirnos, de controlarlo, de cambiarlo, de luchar tanto.

Aceptar es no añadir, no hacer más y seguir con lo que es importante. Es permitir lo necesario, contactar suavemente con lo reprimido y dejar que suceda. Es habilidad, elasticidad, flexibilidad, tolerancia y sensación de libertad. Es esa comprensión que alivia el corazón o un sentimiento que transforma la lógica enrocada. Es un movimiento autónomo de la parte emocional a la razón, del cuerpo a la mente, de la vía de abajo a la de arriba.

La **aceptación** es un estilo de vida, una dirección, un procesamiento gradual, un poco a poco continuo. No es un interruptor ni un botón sino una rueda de volumen, no es impulsar sino fluir más con la vida. Es la práctica de permitirnos, un **proceso** que nos acerca más a la paciencia. No es opuesto a evolución, a veces para evolucionar hace falta esperar y no hay siempre que intentar cambiarlo.

Aceptar es humidificar, lubricar, limar, suavizar, naturalizar y facilitar. Es ser más unidad y templanza, conciencia y sensibilidad. Es comprender que cambiar lo incambiable añade más tensión. Es firmar las paces con la mente y el cuerpo, y conectar más con la vida. Aceptar no significa derrota sino victoria, no es cobardía sino valentía, no es debilidad sino fortaleza.

Aceptar no significa tirar la toalla, bajar las orejas, esconder la cola y resignarse a lo que nos dicen que tenemos que hacer. Incluye aceptar que, por ahora, **hay cosas que no aceptamos todavía.** Es desculpabilizar la parte natural, instintiva e intuitiva de nosotros. No es pasotismo, desinterés ni desvinculación, sino compromiso, activismo y comprensión.

La aceptación es una cuchara, no un tenedor; es una bahía, no un espigón; es un sendero, no un destino. Puede ser un chasquido fulgurante o un clic repentino, pero a menudo es un **proceso largo y tedioso.** Quien acepta más que se resiste quizá no sonría más, pero descarga más tensión. Aceptarte es permitirte todo por dentro.

La aceptación es terapéutica porque consiste en ser más amable hacia uno mismo. Conduce hacia la sabiduría porque denota una comprensión profunda de la vida. El SN, como la mente o el cosmos, son inabarcables y, por lo tanto, incontrolables.

Aceptar es reconocer y abrirnos al **misterio de la vida.** Comprender que el control es una ilusión y la libertad una sensación ambivalente. A veces son reales y ocurren, pero no siempre dependen de nosotros. Una marioneta no puede mover a su creador tirando de los mismos hilos.

DESPUÉS DE LLORAR O DE GRITAR, DE PERMITIRNOS LA EXPRESIÓN DE EMOCIONES DIFÍCILES, ESTAMOS MÁS PREPARADOS PARA COMPRENDER Y ACEPTAR LO QUE TOCA.

La catarsis y la **liberación emocional** nos facilitan la distancia emocional necesaria para comprendernos y nos acercan a la aceptación de quienes somos. Por el contrario, reprimimos lo que seguimos tratando de cambiar, e inconscientemente añadimos más tensión, frustración y sufrimiento.

Al principio, casi nadie acepta el rasgo de **alta sensibilidad**. Más adelante, tras ir liberando el fondo de vergüenza y culpabilidad con el que nos carga la cultura oficial, se va iniciando la lenta y firme fase de aceptación de lo que somos. Se va pasando de la resistencia, negación, el rechazo y la compensación de la culpa y la vergüenza a sentir la propia sensibilidad, a la resignación de mala gana, para posteriormente ir asentando la aceptación de verdad. No puedo ser diferente de cómo soy, no elegí ser cómo soy.

La aceptación es un proceso lento y pautado, **casi inconsciente** (se inicia desde la vía de abajo). Nada tiene que ver con un botón, un de repente, una transformación súbita. Casi nunca funciona con un «¡tienes que aceptarlo!» o un «¡acéptalo!», eso suena demasiado a las broncas de nuestros padres, profesores y jefes. Figuras de autoridad tóxicas que vendían consejos no solicitados que para ellos no tenían, y predicaban con poco ejemplo.

Aceptar algo es dejar de luchar contra ese algo. Permitirlo y dejarlo tranquilo. Hay fases, interludios, dentro de esa experiencia completa. Es más sencillo aceptar lo que va a nuestro favor que lo contrario a nuestros intereses. Es más sencillo aceptar lo que nos gusta que lo que nos disgusta, los éxitos que los fracasos. Es más fácil aceptar el dolor ajeno que el propio. Es más fácil aceptar algo no visible a otros que lo visible que nos avergüenza, como rasgos físicos que nos impiden fluir en lo social y nos dificultan la vida.

La aceptación **somática** es real porque nos alivia y aligera el cuerpo. La aceptación **racional** y la aceptación **radical** de la espiritualidad pueden ser un peligro porque no ha habido liberación emocional previa. Tienden a ser una pose para mostrar una superioridad moral.

Los **traumas** solo se aceptan con trabajo emocional, la **espiritualidad** se orienta hacia otros asuntos, aunque se inmiscuya en todo y lo confunda más. El ático soleado tira más que el sótano oscuro, pero los secretos, traumas, dilemas, dudas y dones se esconden en la habitación oscura.

Además, la práctica espiritual obliga al acatamiento de normas y reglas, impidiendo su cuestionamiento. ¿Cómo voy a comprender lo que no cuestiono ni reflexiono? ¿Por qué debo acatar lo que no comprendo? ¿Por qué debo aceptar lo que me obligan a aceptar como verdad única? Las prácticas espirituales acaban comportándose como nuestros padres, profesores y jefes severos.

En el proceso de aceptación también cuenta nuestro punto de partida. Yo no fui aceptado por nadie, ni en mi casa ni en la escuela ni en mi grupo de amigos. Como consecuencia, yo también aprendí a no aceptar a nadie. Mi padre, mis profes, mis jefes, compañeros, amigos, parejas, me intentaron cambiar, pulir y limar mis defectos. Yo también intenté cambiarles a ellos. Ellos se empecinaban en moldearme, yo en ser más cabezota que ellos. Cuánta más presión ejercían, más resistencia recibían por mi parte.

Jamás logré cambiar a mi padre, a mis amigos, a mis parejas, y menos aún a ningún jefe. Tampoco ellos lograron mover mis fundamentos ni un ápice.

La aceptación está ligada a la **honestidad** y la humildad. El árbol no florecerá más porque le echemos más agua. Tiene su tiempo, su ritmo y su recorrido. Igualmente, para aceptar muchas veces necesitamos **paciencia y tiempo.** Por eso la sociedad digital atenta contra su fundamento y espíritu.

Considero que hay cuestiones cívica y éticamente inaceptables. No puedo aceptar que un vecino me despierte cada mañana con los ladridos de su perro. Debo aceptar que mi SN no lo acepta y debo aceptarlo y tratar de mejorar la situación. Hablar con el vecino, negociar con él, insonorizar las paredes o marcharme del edificio. Uno debe saber cuándo la aceptación significa humillación y no aceptarla con total paz y confianza. No estoy obligado moralmente a aceptarlo todo.

No practico la pasividad, la desconexión, la falsa humildad ni pretendo quedar bien con todo el mundo. Es irónico que la sociedad del **control** y la reinvención intente ahora imponernos la moda de la aceptación (en realidad resignación). Hay cosas que debemos aprender a **aceptar** y otras que son intolerables y que no podemos aceptar, como los gritos de los jefes, los abusos de poder, la mala educación, el servicio pobre en algunos establecimientos, el uso deplorable de los espacios públicos.

Aceptar es **comprender** que el inicio de la mayoría de los pensamientos, imágenes mentales, sensaciones y emociones es automático, inconsciente, visceral, somático, heredado, condicionado y biográfico, aunque impersonal, desde el punto de vista de que no tenemos una poder racional y consciente para tenerlo en ese momento en nuestra mente.

Por lo tanto, como no los he elegido, de alguna manera no me pertenecen del todo. En cierto modo, ocurren, suceden. En ese momento hablan de mí y de mis circunstancias, de mi SN. Con respecto a este, más que pertenecerme, yo le pertenezco. Es preciso tratar de no personalizar mucho los resultados. Soy igual de digno en la victoria que en la derrota, aunque prefiero y me gusta más la primera.

Aceptar es más un **acto interno** que una pose mesiánica. En esta cultura del falso control y cambio es un gesto de rebeldía, no de sumisión. Saber lo que hay que aceptar, lo que hay que tratar de cambiar y lo que hay que aceptar si pretendemos que algún día las cosas cambien. Unas veces lo aceptamos a la primera, otras de entrada nos resistimos y luego nos acabamos calmando y aceptándolo.

Es más fácil aceptar algo si antes he intentado cambiarlo y no lo he logrado. Y para poder cambiar algo primero debo reconocer ese aspecto. **Cambio y aceptación** pueden ser dos tramos de la misma escalera. Es más sencillo aceptar aquello sobre lo que no tenemos ningún control, como el tiempo meteorológico, «teníamos partido de pádel, pero llueve», que algo que creemos que deberíamos controlar, como llegar puntuales al trabajo. ¿Y si se avería el metro? Nos culpabilizamos, nos desquiciamos igualmente.

También podemos aceptar al jefe o aceptar que no aceptamos al jefe. Aceptar sus enfados y también los míos. Puedo aceptar la idea de que debo dejar ese trabajo. Aceptar algo depende de cada contexto y cada situación, de cada persona y su momento.

La aceptación como proceso es un **movimiento natural,** inconsciente, suave y automático. Primero experimento lo que siento, me lo permito todo por dentro. Cuando llegue el momento, el aprendizaje emergerá solo; no nos avancemos a las conclusiones cuando la experiencia todavía está teniendo lugar. Cuando acabe el proceso, las **conclusiones** pueden ser **opuestas.** De lo contrario, si fuerzo el aprendizaje racional de una experiencia solo estaré tratando de evitar sus consecuencias desagradables.

A veces, para aceptar primero debemos aceptar la no aceptación, la cual nos lleva a contactar con cierta frustración, impotencia, rabia y miedo. Pasado un tiempo, tal vez emerja la resignación y finalmente la aceptación. Esa es la diferencia entre sentir la aceptación (me permito el doloroso proceso) y forzar la aceptación (racionalizarla, para evitar sentir el proceso del dolor, nuestro fiel maestro).

Yo puedo plantar, sembrar, plantear, proponer. No puedo forzar, obligar, apretar, empujar a que cambien las cosas. Que una bombilla se encienda no depende directamente de mi voluntad o de mi acción directa. Mi dedo pulsa el interruptor y mi mente observa. Mientras tanto, sigo viviendo.

Puede que al principio la aceptación respecto a algo sea **intermitente**, pues hay cosas sencillas de aceptar y otras que nos llevan toda la vida. Unas las acepto un día y las quiero cambiar al día siguiente.

En el primer curso de meditación que realicé hace veinte años, el profesor dijo que la meditación solo funcionaba si era lo primero y lo último que hacíamos en el día. Solo daba frutos si estábamos dispuestos a dejarlo todo por esa práctica. Nos pidió que lanzáramos al centro de la sala lo que estuviéramos dispuestos a entregar por la meditación. Uno tiró su móvil, otro sus gafas, yo observé la escena guardando silencio. No me salió el gesto de lanzar nada, mi SN activó la *reactancia* ante aquella sutil amenaza para que adoptara un compromiso radical y una aceptación ciega. La aceptación radical es forzada, y por lo tanto es imposición porque es ciega.

Cuanto más conozco algo, cuanto más entro en contacto con ello, cuanto más lo **comprendo**, más sencillo es aceptar sus causas, su origen, su raíz y, por lo tanto, más sencillo es para nosotros permitirlo. Ocurre con los pensamientos, con nuestros rasgos físicos, con la ideología de otros, con las minorías, con las mayorías, con todo. El carril rápido hacia la aceptación pasa por el coste de la comprensión previa.

La **resistencia** inicial también tiene su sentido. Cuando acepto algo de primeras, a veces no he indagado y no lo comprendo, lo he acogido sin conocerlo. El otro no se siente tan conectado ni comprendido. Ni aceptado en el fondo.

ACEPTAR EMOCIONES O SITUACIONES DESAGRADABLES, ACEPTAR LO DIFÍCIL ES TODO UN RETO.

Hay que dejar de disimular y entrar en contacto con ello.

A mí tampoco me gusta estar triste, prefiero la alegría. Igual que prefiero la primavera al verano u el otoño al invierno. La Sergiedad tiene sus prioridades. Se trata de **permitirnos** todos los estados emocionales sin forzarlos ni recrearnos en ellos. Dejar que se expresen y empaparnos si toca. Permitir que ejerzan su función, planten el mensaje y la vida siga pulsando.

No nos tienen por qué gustar las reacciones automáticas de nuestro organismo, es neuroquímica. Pero una vez se desencadenan, lo más óptimo sería ponernos a favor de su corriente, aprender a no oponernos al río fisiológico y permitir el recorrido completo.

Aceptar el final de una relación amistosa o romántica o la pérdida de un ser querido es un **trago difícil.** El SN se cierra y se resiste a la noticia, rechaza contactar con el vacío del nuevo escenario. El **duelo** es el proceso de aceptación más importante en la vida. Un *shock* al que podemos ponerle un dique y resistirnos solo un tiempo.

En la primera sesión que he tenido con muchos clientes, estos afirmaron haber perdonado a sus **padres**. Sin embargo, cuando cerraban los ojos y buceábamos hacia dentro, la rabia y frustración estaban intactas. Podemos empezar a aceptar la primera de las grandes verdades: nuestros padres nos han querido mucho a su manera y casi nunca a la nuestra. Nos han dado todo y también nos lo han quitado todo. Es **ley natural.** Para educarnos, socializarnos y civilizarnos en una cultura, gran parte de nuestra espontaneidad y potencialidad debe ser recortada y castigada por el bien común a través de la vergüenza y la culpa.

Decir que se ha aceptado algo no es lo mismo que haberlo aceptado. La aceptación verdadera es un sentimiento, no una palabra. Sin la liberación de la tensión emocional del disgusto, del susto, del *shock*, la aceptación es una pose o una obligación para evitar la culpa. Uno sabe que es algo que debería ocurrir, pero que no acaba de suceder porque el malestar y las memorias están demasiado vivas. Primero nos permitimos lo que sentimos tal cual lo sentimos, de manera cruda, visceral, pasional, directa y terapéutica. A partir de ahí, de abajo arriba, se enarbola el proceso de aceptación.

Actualmente, acepto a mi padre, lo comprendo y afirmo con total certeza que hizo lo que pudo, teniendo en cuenta las causas y condiciones que vivió. Esto lo puedo afirmar a mis cuarenta y pico años. Tras más de veinte años de no vivir juntos, mucha terapia de liberación emocional, mucho trabajo interior y dosificando mi contacto con él.

Mi aceptación se inició permitiéndome en un espacio terapéutico toda la **expresión de rabia, sed de venganza y violencia** que acumulaba hacia él. Las emociones difíciles se fueron liberando y se fue abriendo un hueco mayor al conocimiento y la comprensión mutua.

Cuando el *shock* ha sido muy grande, la comprensión **racional** de los hechos nos da más conciencia, pero no nos conduce a la aceptación **visceral** de los hechos. Sin liberación emocional la razón solo bloquea más.

El cosmos no tiene moral, ni la naturaleza ética. Un agujero negro absorbe y destruye estrellas y a la vez permite la creación de otras nuevas. Los rayos del sol que posibilitan la vida en la Tierra impiden la vida en otros planetas. De la misma manera, hay virus y bacterias beneficiosas y también nocivas. Todo sistema vivo tiene un principio constructivo y otro destructivo. No hay cosas buenas ni malas *per se*, es una cuestión de grado y contexto.

En la **naturaleza**, hay terremotos, maremotos, tifones y erupciones mortales. En la **sociedad**, hay delincuentes, ladrones y criminales sin escrúpulos. La infección de un protozoo se llevó a los tres años a Linda (mi perra), una bacteria pulmonar se llevó a mi abuelo a los ochenta años. En ambos casos lloré las pérdidas, pero no me enfadé ni culpabilicé a esos bichos.

Para el hinduismo, los dioses Brahma, Vishnu y Shiva representan el ciclo de la vida completo (creación, conservación y destrucción). La **muerte** está ligada a la supervivencia. Nacer, vivir y morir en este orden, la purga es necesaria. Principio, desarrollo y final, el cierre es necesario. El bucle que hace que todo permanezca y cambie a la vez, que la rueda gire, que el mundo se mueva y evolucione.

Detrás de un asesino, un psicópata, un violador, hay un SN con su cuna e historia. La mayoría de la gente que separa la vida en dos bandos, los malos y los buenos, es demasiado fanática y perezosa para ir a lo más profundo y comprender las causas. Cayó hace tiempo el Muro de Berlín que nos separaba.

El código civil y penal garantiza la aplicación de la justicia. Hay gente que debe ser apartada de la sociedad, su incumplimiento de las normas pone en peligro al resto. Sin embargo, si indagamos en el pasado de toda esa gente, ¿tuvieron otra alternativa?

Comprendo la mente del criminal y también su condena, tanto la de antes de cometer el crimen como la que deberá pagar en la cárcel. No aplaudo ni el crimen ni la condena. Ambos son hijos de la miseria no elegida, la auténtica condena. Si hubiera vivido lo que él ha vivido, ¿qué habría hecho yo en su lugar?

Hay gente que ha nacido con **tendencia al éxito** y gente con **tendencia al fracaso.** Gente que viene de la estirpe del fracaso y encontrará el éxito, y gente que es hija del éxito y que fracasará.

Un *youtuber* español muy famoso, a quien conocí personalmente, tiene una marcada tendencia al éxito profesional. Viene de una familia unida, donde se quieren y respetan. Dejó el colegio sin acabarlo, se puso a trabajar de comercial y rápidamente lo ascendieron a director comercial. Cuando tocó techo socio-económico, se aburrió y lo dejó. Además, heredó un físico envidiable y peleó en artes marciales mixtas (MMA) en España. Fue campeón de España y de Europa, hasta que se partió la espalda y tuvo que dejarlo. Después abrió un canal de YouTube y una cuenta de Facebook, y en un par de años se hizo millonario en ambas plataformas.

Es el rey Midas. Y es que hay gente a quien el azar le es favorable en casi todo. Otros, con una genética y unas capacidades muy por encima de la media en varios ámbitos, no tienen al destino de su parte. Por suerte, nuestro *youtuber* no lee libros ni escribe, por lo cual no escribirá un libro diciéndole a la gente que como él pudo, el resto también puede, ni tratará de vender otro método para hacerse millonario. No es modelo ni ejemplo replicable de nada. Es un *rara avis* y ni él mismo sabe cómo ha logrado lo que ha logrado, vive en la sorpresa y lo agradece.

También he conocido a mucha gente que nace al revés, con el viento en contra. Personas con tendencia a meterse en problemas, a lesionarse, a enfermarse, a andar por el despeñadero. A meterse en relaciones imposibles, a tener trabajos donde no encajan, a engancharse a todo tipo de sustancias, a romper amistades valiosas, a caer con injusticias, atropellos y humillaciones dondequiera que pisen.

Keith Richards es un famoso drogadicto funcional y longevo que nunca ha pisado un centro de desintoxicación, llegó a estar nueve noches sin dormir y va a cumplir ochenta años. Jeff Buckley nunca probó las drogas y se ahogó accidentalmente en un río a los treinta años. El padre de una amiga ha tenido cuatro accidentes de tráfico graves por conducir a alta velocidad y siempre ha salido ileso. El hijo de un vecino estrelló su coche y murió en el acto el mismo día que estrenaba el carnet de conducir.

¿Eres capaz de mirar atrás y contar las veces que te ha separado un segundo o un chasquido de no contarlo más? ¿Eres consciente de las veces que por algún error de cálculo, conducta temeraria o error de otros has podido morir?

Tenemos pavor a aceptar la idea de que existe un **gran determinismo biológico y cultural** en nosotros. Se cree que, si desaparece la zanahoria de la exigencia, el perfeccionismo y el sacrificio, nos volveremos unos holgazanes o perderemos la voluntad de trabajar y de seguir prosperando. Se teme que en el fondo de nosotros haya un delincuente esperando a que la culpa baje la guardia y, si nos dejamos tranquilos, que el instinto reprimido por la vergüenza aflore y acabemos abusando y dañando a la gente.

No nos damos cuenta de la **tensión psicológica** que genera el desmedido sentimiento de culpa y vergüenza que arrastramos. Probablemente, genere un sufrimiento y una tensión latentes que causan muchas de las enfermedades y trastornos que padecemos.

Reflexionar no hará cambiar lo que ya está ocurriendo, pero está en nuestras manos hacer lo que esté en nuestra naturaleza hacer. No podemos conocer el futuro o el paso siguiente. Quien lo hace solo especula aprovechando la sugestión e ignorancia. Quien juegue a ser Dios en la Tierra está condenado a cometer diabluras.

La vida es un viaje que se visibiliza a medida que va teniendo lugar. El sentido solo aparece cuando miramos hacia atrás. Confiamos en el cambio porque este llegará. Mientras tanto, aprendemos a aceptar lo que no podemos cambiar. Dejamos de luchar contra molinos de viento, siendo más uno con lo que somos.

7.
PACIENCIA

La paciencia es amarga, pero su fruto es dulce.

JEAN JACQUES ROUSSEAU

Probablemente, he sido una de las personas más impacientes que he conocido. Es posible que la causa de los conflictos que viví en la infancia, adolescencia y primera juventud estuviera relacionada con mi **impaciencia**. Un SN hipersensible, reactivo y contundente. Una alta velocidad de procesamiento de la información. Una fluidez verbal elevada, una mente afilada con tendencia a concluir y dar carpetazo a los asuntos de manera veloz y superficial.

El mundo siempre fue demasiado lento para mí. Yo viajaba en Jumbo, la gente en patinete. Darme cuenta de lo que iba a pasar en clase, en casa, en la calle. Lo que iba a decir el profesor, mis amigos, mi padre. Todo me parecía muy **aburrido y previsible.**

El aburrimiento era otro síntoma de mi ausencia de **paciencia**. Acababa rápido los deberes, jugaba rápido, hablaba rápido, andaba rápido. Rápido me echaron por primera vez de clase, rápido di el primer beso a una niña, rápido me emborraché por primera vez y vomité.

Rápido captaba la moraleja de las lecciones, rápido me saltaba los límites. Rápido aprendía en clase, rápido le tomaba el pelo al profe.

La **velocidad** caracterizó mi forma de ser. Si lo pillaba al vuelo, bien; si tendía que indagar mucho, no merecía la pena y lo hacía a mi manera. Esperar era perder el tiempo. No sabía esperar, no podía esperar, me dolía esperar. Nadie me había esperado nunca en ningún sitio.

Mis **referentes** eran gente con mucha **prisa**. Mi padre sobre todo y el primero. Hablar deprisa, pensar deprisa, bromear deprisa, saludar deprisa, marcharse deprisa. Soltar una mano deprisa, dar dos gritos deprisa. Perder los nervios y los papeles deprisa.

Todo ocurrió **deprisa**. También mis ídolos y referentes era gente que hablaba por los codos, escribían deprisa, se movían deprisa, decidían deprisa, concluían deprisa. La gente lenta me aburría, la lentitud me quemaba. La prisa era la velocidad justa para vivir la vida de la mejor manera posible. Masticar con prisa, conocer chicas de paso, conversar con gente sin pararte y decir no sin despeinarte.

La **velocidad** era **mental, verbal y gestual;** de conclusión, de decisión y de acción. Era la mejor y única forma de estar cómodo en el mundo. Lanzar el dardo rápido, cogerlas al vuelo, lanzar una colleja rápida y dejar el veneno. Vivir rápido, morir joven y dejar un cadáver bonito. Nunca pensé que pasaría de los veinticinco.

Llegar a los bares de noche con prisa, emborracharme aprisa, ligar aprisa, buscar bronca con prisa. De adolescente me llamaban «loco» porque reaccionaba velozmente a las provocaciones. Incluso buscaba pelea metiéndome en peleas ajenas que me importaban un bledo. Labios partidos, manos rotas, ojos morados, autoestima intacta.

Pasé de ser una bomba de relojería a un tren de mercancías a punto de descarrilar, a ser Mr. ShortFuse —mecha corta— a Sergi Fuss —follón— sin transiciones. Me pegué con todo el mundo de noche. A puñetazos, manotazos, pedradas y palos. Mis amigos me amenazaron con dejar de ser mis amigos si me seguía peleando.

La prisa me perdía. Si le gustaba a una chica, por qué no besarla. Si nos besábamos, por qué no hacer sexo. Si hacíamos sexo, por qué no ser novios. Hasta que me cansara y me buscara a otra.

Yo me cansaba de todo. De los profesores, de la familia, de los amigos, de mi casa. Me cansé de vestir como un niño pijo tonto, de parecerme a mi padre, de no ser admirado y temido por todo el mundo y de no ser comprendido y querido por nadie.

Empecé muchos trabajos y los dejé rápido, probé varios estudios y profesiones y los dejé rápido. Deprisa desarrollé varias adicciones con las que tapar el aburrimiento, la falta de dirección y de sentido de aquella larga época.

Me enganché a conocer chicas, tanto por mi pico de oro como tirando de billetera. Me enganché a salir de noche, tomar éxtasis y regresar de día. También le era fiel a la lectura, el rock, levantar pesas y aprender psicología.

Por si fuera con poca prisa, a los veintiún años me saqué el carnet de moto. Comencé a trabajar de repartidor, de mensajero, de chico de los recados. La moto me encantaba, me enganchaba, me hacía sentir vivo.

Aventurarme de noche en rincones ocultos, oscuros y peligrosos de la ciudad perdida. Girar a fondo el acelerador, zigzaguear entre coches, zamparme la ciudad a bocados y el mundo entero. Chocar contra coches, dar vueltas de campana, golpear con el casco en el suelo y salir ileso.

Era adicto a ser increpado por desconocidos, a soltarle dos frescas a alguien, a darle varios golpes a algún un conductor que se los merecía. Conducir en contra dirección, fuera del pavimento, incluso por la playa o el bosque. Cruzar dos semáforos en rojo cuesta abajo sin gasolina.

Tenía la sensación de **controlar** el tiempo, el espacio, la vida. De acelerar a mi antojo el ritmo, el pulso, el día. Montado en la moto, el día a día era, sin duda, menos aburrido. A partir de los sesenta kilómetros por hora lo era mucho menos, a los ciento veinte con el viento de cara era una auténtica maravilla. El riesgo, la temeridad y la huida eran mi filosofía de vida.

La moto era **adrenalina**, aventura, posibilidad, esperanza, ilusión de control y de identidad. Además, era la única propiedad a mi nombre que tenía. Podía estirar el día como un chicle, hacer tantas cosas e ir a tantos sitios como otra gente en un mes o en toda su vida. En la moto iba sobrio, ebrio, colocado, resacoso, con música a todo trapo en los auriculares. Escapé cinco veces de la policía. Era el final de una gran época, las leyes eran laxas en Barcelona y en la civilización entera.

Si hay un infierno en la ciudad, ese es el tráfico. Encima de una moto puedes recortar el tiempo y el espacio y sentir que es el mundo quien se ajusta a ti, y no al revés.

Después de doce años de uso frenético y desenfrenado, poco a poco mi uso de la moto fue decreciendo. Coincidió con la necesidad de volver a **caminar** y de **reconectar** con la calle, de sentirme menos aislado, histérico y solo. Necesitaba contactar con la gente, con el ritmo más pausado del caminante.

Fue durante mi práctica intensa de meditación cuando empecé a olvidarme de la moto. Observaba que antes y después de montarme en ella estaba más calmado. Y cuando me subía, algo en mí se transformaba en inquietud e impaciencia. Quería extender las sensaciones de calma de la meditación más allá de la práctica formal. Dejaba la moto en casa, harto de convertirme en Mr. Hyde.

La moto era *fastfood* y *mindlessness*, y mi práctica espiritual y mi expansión interior me invitaban a saborear más la comida para tener mejores digestiones. Durante varios años combiné el uso de la moto con la bicicleta, el autobús, el metro e ir a los sitios caminando. Incluso decidí dejar su uso exclusivamente para los fines de semana.

Traté de aplicar los principios de la **meditación** a la hora de conducir la moto, pero no había manera.

Fue en el distanciamiento, en ese contraste claro entre ir a pie y en moto, cuando comprobé el efecto devastador que tiene la moto en la mayoría de los conductores. Una tarde de domingo salí de un retiro de meditación renovado, ligero, sencillo, flotando, como en otra dimensión.

De golpe, me acordé que llegaba tarde a un sitio. La prisa me poseyó y me arrancó lo conquistado. En un segundo me dirigía a toda velocidad hacia mi destino. Los efectos pacíficos de la meditación se habían esfumado.

¿De qué servía meditar, si todo el avance logrado lo perdía en el instante de subir en la moto? Cuando llegó la pandemia vendí mi moto, no he vuelto a tener una.

Lo contrario de la paciencia es la **prisa.** Si tienes prisa, sientes estrés, presión y tensión. Te fusionas con la **emoción desagradable** del momento y pierdes la perspectiva. Ya no puedes apreciar los matices y detalles, los aspectos relevantes de la vida. Desaparece lo que es verdadero, bello, justo, amable. Se desata la división binaria, la visión en blanco y negro. El yo contra ellos, la guerra de separación cotidiana.

La prisa es fea, nos cierra y encierra en nosotros mismos. En nuestra visión de túnel no hay espacio para nada ni para nadie más. Nos levanta el muro interior, nos ponemos reactivos, a la defensiva. Nos lleva a una **regresión espontánea** de un pasado saturado de atropellamiento, avaricia, egoísmo e individualismo ecpático y antisocial.

La prisa nos saca de los ritmos y los ciclos naturales. El sol, la lluvia, el árbol, el pájaro, el césped no tienen prisa. La burocracia, el tráfico, las oficinas, la corporación, el gimnasio, el hospital, la música alta por la calle huelen a prisa y tensión.

No se respeta el **ritmo propio,** personal, interior, el de cada uno. Se nos imprime un único ritmo constante, se nos impone el castigo oficial de la mediocridad. El horario ajustado, la agenda apretada, el calendario ocupado. Meter a dos clientes en un hueco, hacer el doble de dinero en la mitad de tiempo. Todo lo que nos tensa y nos separa los unos de los otros como especie.

Actualmente, la percepción en otra gente de prisa y estrés me cae mal. Ver a personas constantemente estresadas o con prisa me incomoda. Por ejemplo, entrar en bares donde se respira **prisa**, los camareros corretean, gritan y gesticulan sin mirarte ni escucharte. Presencio la **peor versión** posible de la humanidad. He ido a tomar algo tranquilamente, no a que me contaminen con la prisa oficial.

No me gusta que nadie me imponga su **ritmo**, que la agenda de nadie aumente mi presión arterial. Tengo claro que cuánta más prisa, menos valores; que, con prisa, todos somos «peores». Es la prisión de la presión que nos separa y deshumaniza a toda prisa. Solo hay un animal más fiero que el león, y es el ser humano con prisa. Un depredador en «peligro de proliferación» en todos los rincones del planeta.

Roma no se hizo en un día y la prisa es la enfermedad del siglo XXI.

De niños nos enseñaron **impaciencia**. Nos educaron para luchar por lo que queríamos, a ser veloces y eficaces haciendo los deberes, realizando las tareas de casa, estudiando y cometiendo el mínimo número de errores posible. Nos enseñaron a tener prisa por la victoria y a ser pacientes con la derrota. De esta manera, confundimos la virtud de la paciencia con tirar la toalla.

Los que nos premiaron la prisa y la excelencia, los promotores y transmisores de la **cultura de la impaciencia** (padres, profesores, líderes y jefes), de adultos nos exigen paciencia. Nos enseñaron que si queríamos algo lucháramos por ello, aunque a veces tanta lucha fue precisamente lo que nos acabó alejando de la victoria.

En el mundo actual, la prisa carcome relaciones y enciende adicciones. Se acortan los tiempos, los procesos se perfeccionan y la tecnología acelera el **consumo compulsivo** e inconsciente. La paciencia que antes se asociaba a ignorantes, indiferentes, vagos, maleantes, débiles, perdedores, enfermos o ancianos se convierte hoy en un anclaje necesario para mantener la salud mental.

SER PACIENTE NO SIGNIFICA PERDER EL TREN, PASARÁN MUCHOS MÁS Y APRENDER A DEJAR PASARLOS ES IMPRESCINDIBLE PARA SENTIR CONFIANZA.

Ser paciente no significa ser pasivo, puedo esperar a que lleguen **tiempos mejores** mientras vuelco la atención en otros asuntos y sigo viviendo. Ser paciente es permitir que las cosas sigan su ritmo, que la semilla se convierta en planta, la idea en proyecto, la fruta madure, las relaciones se asienten. Ser paciente es darse un tiempo, dar un paso al lado a veces, sentarse, aprender a relajarse y disfrutar del viaje.

Puedo **practicar** la paciencia de manera activa, consciente e intencionadamente, y estaré lejos de ser un *hippie* conformista.

La **paciencia** es la virtud por la cual nos damos cuenta de que sin nosotros forzar nada, el tiempo sigue pasando, el mundo sigue girando, la vida sigue cursando. Siendo pacientes podemos observar el ritmo natural de las cosas. A veces se impulsan solas sin necesidad de que uno haga nada. Los escenarios van cambiando, como los colores en el cielo o la luz en los edificios.

La paciencia nos saca del **centro del foco** y de la foto, nos descarga de la responsabilidad excesiva y nos lima la culpa. Nos descubre nuestro papel en la película, la medida exacta de nuestra participación. Nos quita protagonismo, nos regala alivio. Aquello pasó igualmente, con independencia de nuestra intervención.

La paciencia nos revela las fases de la que todo proceso consta. Escribo un libro, lo envío a la editorial, **espero** respuesta. Salgo a cenar, invito a un amigo, **espero** respuesta. Merezco un aumento de sueldo, escribo un e-mail al jefe, **espero** respuesta.

La paciencia nos permite comprender que por un lado está la mente, con sus **expectativas y reglas mentales;** y por otro, la vida, con los hechos y sus leyes naturales.

Ser **paciente** es saber cuándo hay que hacer y cuándo toca esperar. Nos permite observar que solo somos un pequeño eslabón de una gran cadena de interacciones y transacciones que nos conecta entre todos, cuyo origen y final se pierden en el tiempo.

Ser paciente es ser consciente de que cuando hemos llegado al límite de **nuestras posibilidades,** no queda más remedio como solución que parar, apearnos y confiar. Dejar de hacer y empujar tanto. Aprender a hacer, **parar y confiar** en las oportunidades que presenta la vida cuando nos abrimos a ella.

Hacer buenos amigos, encontrar el amor de pareja, terminar los estudios académicos, ahorrar dinero, aprender una profesión, conocer la vocación, recuperarnos de una lesión física, de un duelo o de un trauma emocional. Las **cosas importantes** son complejas de lograr y requieren de buenas dosis de paciencia: cuándo saber hacer y cuándo saber esperar.

Reflexionando, nos damos cuenta de las veces en que la espera y el paso del tiempo han jugado a nuestro favor. Las cuentas se han ajustado naturalmente, el alivio del olvido se ha instalado gradualmente. Y yo no he hecho tanto.

Saber ser pacientes nos asegura que lo que tenemos y hemos conseguido es lo que corresponde y nos toca de manera **orgánica**. No hemos forzado, empujado, presionado, obligado, doblado, manipulado, desgastado nada. Nos hemos quitado de en medio y hemos observado cómo las piezas del puzle se han ido ajustando solas.

El hueso se ha soldado, la relación se ha aireado, la idea ha madurado. Uno no ha hecho nada más que esperar el momento de ebullición. Nos toca lo que nos toca porque sí. La espera, la situación, el momento o la vida así lo han querido. Recibimos los frutos con la mano abierta, sin la soberbia o la vergüenza del que se ha deslomado en el intento.

Muchas de los grandes encuentros y logros más importantes de mi vida han tenido lugar sin yo forzar nada. Mirando hacia atrás, puedo trazar una lista de coincidencias, casualidades, causalidades, *serendipias* o sincronías, como se quiera interpretar.

Me gusta **restarme importancia** en el proceso. Quitar mi «yo hacedor» de en medio y comprobar el poder que tienen las situaciones sobre mis ideas. Cómo la trama de mi vida subyace a mi voluntad. Cómo esta se crea y se recrea muchas veces sin que uno se implique demasiado. Simplemente fue el momento, tuvieron lugar y me hicieron partícipe de ellas.

Cuando dejé la carrera de Derecho y me matriculé en Psicología, disfruté de un año sabático entre medio. Un amigo me llamó y me dijo que me fuera con él a Cardiff. El año perdido que iba a tirar a la basura en Barcelona acabó siendo el primer año más trascendental de mi vida. A California me fui a vivir por una pareja que tuve en Barcelona, fue un sueño cumplido.

Una **crisis emocional** es el mejor momento para tomarnos unas vacaciones. Un tiempo para uno mismo, dedicado a desconectar. Coger la baja laboral y existencial. Aprovechar para cuidarnos, descansar, desacelerar, esperar, confiar, permitir, reconectar con la gente, con los amigos y la familia. Dar tiempo y espacio para que el agua estancada se renueve.

Es una época para reconsiderar metas, valores y objetivos. Una temporada de reajuste vital y **ligereza global** para descansar del teatro de la vida.

8.

SOLEDAD

La soledad es donde uno descubre que no está solo.

MARTY RUBIN

Respecto al grado de **sociabilidad**, hay tres tipos de personas: las que necesitan estar rodeadas de gente la mayor parte del tiempo; las que necesitan estar solas la mayoría del tiempo, y las que necesitan combinar la presencia y la ausencia de otros.

Yo me identifico con el tercer grupo, un *solitario social* en toda regla. Necesito frecuente contacto con mi gente y también mis espacios de ayuno social, donde descansar, crear y conectar conmigo mismo.

SIN SOLEDAD NO HAY CREATIVIDAD Y, POR LO TANTO, TAMPOCO ARTE, REFLEXIÓN NI BELLEZA.

Si te consideras artista, cualquiera que sea tu disciplina —pintura, escritura, escultura, dibujo, música— necesitarás de grandes momentos de soledad para practicar y afinar tu arte.

La gente que se permite la soledad tiende a conocerse más a sí misma, está más en **contacto** con su mundo interior, sus necesidades, sus emociones, sus deseos, sus bloqueos y limitaciones.

En soledad podemos separar la influencia externa de lo que florece desde nuestro fuero interno. Podemos discernir entre lo que nos apetece hacer y lo que la cultura oficial quiere que nos apetezca. Por eso, hasta que nos hacemos amigos de la soledad no vivimos la **vida en libertad** o con *sensación de libertad* (mejor dicho).

Estoy describiendo la **soledad fértil,** creativa, bella, la que encaja con nuestra **personalidad**, la que nos cobija, nos abraza y nos brinda posibilidades de crecimiento. Ya sea a través de la mirada interior, el descanso energético, la regulación emocional o la tarea creativa. Además, la compañía de la soledad nunca nos engaña. Nos revela el **punto de cocción** exacto en el que nos encontramos.

A no ser que uno sea marcadamente introvertido y tímido desde la cuna, al principio el encuentro con la soledad puede resultar algo incómodo, extraño y amargo. Las **preferencias** sociales la descartan como opción deseable, pues al solitario se le ve como un raro o un incapacitado flagrante.

Recuerdo que de niño pasaba mucho tiempo en mi habitación rodeado de libros y música, casi el mismo que comiendo o viendo el televisor con la familia o rodeado de compañeros y amigos en el colegio. A partir de los quince años, cuando empecé a tener más autonomía de movimientos, el tiempo en familia se redujo al obligado y con los amigos al permitido.

El tiempo pasado conmigo mismo en mi habitación se mantuvo constante. A pesar de que mi necesidad de **contacto social** siempre fuera alta. Lentamente, fui descubriendo que solo estaba cómodo con gente afín en forma y fondo.

Cuando comencé a desarrollar mi vis artística, me fui recluyendo cada vez más en mi cueva. En mis trece años de práctica espiritual formal diaria, la soledad fue convirtiéndose cada vez más en mi fiel amiga.

Aprendí a conocer y respetar mis tempos sociales y mis ciclos en soledad. A distinguir cuando el hambre de socialización se convertía en *hipersocialización* y cuando la *hipersocialización* requería de **ayuno social** para reequilibrarme.

A veces, por no estar solos acabamos con gente que nos hace sentir muy solos. La **doble soledad** nos atrapa cuando emprendemos la huida desesperada de la soledad con uno mismo. La de desencuentros, humillaciones y abusos que soportamos por no tolerar la compañía de la soledad y ser incapaces de regular nuestro propio SN.

Hemos continuado con parejas que no deseábamos, hemos sido incapaces de cerrar relaciones, hemos roto el duelo para volver con parejas que ya no funcionaban, hemos seguido en trabajos que detestamos, hemos quedado con familiares que nos maltrataban. Todo para evitar sentir los **barrotes de la soledad** que esconde la llave que nos abre nuevos horizontes.

La soledad amplía su sentido terapéutico si la combinamos con baños de **naturaleza**. Podemos contemplar el paisaje y de-reflexionar, sentarnos en una roca y reflexionar desde la distancia, pasear sin ruido, hacer ejercicio físico mecidos por la brisa, dejarnos inspirar por los olores frescos o directamente realizar cualquier proyecto creativo.

La puerta hacia el infinito de posibilidades se abre cuando los pájaros revolotean y silban. Es difícil sentirnos solos rodeados de colorido, silencio (de ruidos industriales o gritos), orden, respeto, belleza, intemperie, naturaleza. Tumbados a la sombra de un árbol a veintidós grados, descalzos, con las plantas de los pies tocando el verde. En ese suave y firme descanso del cuerpo sobre la tierra, observando desde abajo la naturaleza, siendo acogidos por el sigilo y la armonía.

¿Pueden existir la ansiedad y la depresión agudas, si ambas son síntomas de separación, soledad, incomprensión, resistencia y culpa? Nunca sabremos la respuesta del todo, a la cultura oficial tampoco le interesa. Aunque la sospechamos.

Venimos del silencio y volveremos al silencio. Todos caminamos del útero a la lápida, de la cuna al cementerio. Entre medio hay movimiento, creatividad, unidad, separación, distracción, realización y mucho ruido.

Es importante ir reconectando con el **silencio original** que, sin autoengaños ni coartadas, nos susurra en nuestro fondo que el lugar donde venimos es el mismo hacia el que nos dirigimos.

Además, si nos cerramos al silencio acabamos confundiendo nuestro ritmo natural con el cultural, el personal con el grupal, y acabamos fundidos y agotados. Yo tengo mi propio ritmo, luego está el impuesto por la sociedad. Unas veces encajan, otras se desajustan.

Si no aprendemos a escucharnos, en la ducha, en el coche, en la cama, en el sofá, en el bosque, donde sea, nos perdemos la inspiración, las señales e invitaciones que hacen que el movimiento propio tome sentido y dirección.

Ante las grandes dudas de las grandes decisiones, guardamos **silencio** un rato. Dejamos que nos hablen nuestros valores primero y luego los sentimientos. En ese orden y cuando ambos encajan se da la mejor decisión posible.

Nos han enseñado a tapar el silencio, añadiendo música y ruidos a los espacios silenciosos. Tenemos miedo a escucharnos y reconocernos. Tememos descubrir que no somos tan especiales y rutilantes como la imagen social que nos hemos creado.

Tenemos tendencia a **huir** del silencio, a sentir un vértigo parecido al que sentimos cuando nos asomamos al hueco de la escalera desde el ático.

Para huir del silencio se crean las **adicciones** cotidianas. Móvil, televisión, radio, internet, redes sociales, tabaco, cannabis, alcohol, comida, trabajo y deporte excesivos. Preferimos la falsa compañía a la verdadera soledad. Es la era que nos ha tocado vivir. Somos seres sociales y pertenecemos a la cultura de la desconexión interna.

Conoces el alma de una época por el **comportamiento** de su gente en los espacios públicos. En España prevalece la música sin auriculares, los gritos, la desconexión, el traspaso de la burbuja personal y la interacción sin alma. En la era del ruido, la prisa y el *androide digital*, hallar un trecho de silencio público es un oasis que sabe a lujo.

Los tapones me facilitan desconectar de la imposición del ritmo frenético y recuperar grados de autonomía. En los aeropuertos y los aviones, en la cama de cualquier ciudad donde pernocte, deambulo, floto, levito con los tapones puestos.

El silencio es una escalera que se compone de varios peldaños. Si te lo permites un tiempo, experimentas el **contraste** entre tu latido y el del mundo; luego percibes el origen de los pensamientos, como la mayoría se piensan a sí mismos. Descubres la aleatoriedad de los sentimientos, la nostalgia de asuntos pendientes, la ilusión de los sueños intactos. Solo son los primeros peldaños del silencio.

Puedes seguir descendiendo por la escalera. Para ello es oportuno cerrar los ojos y, como la cuerda que utiliza el buzo libre para su inmersión, nos acompañamos del contorno del cuerpo y la respiración. Otros quieren descender a **capas** más profundas de la existencia y soltar la cuerda que les fija a sus coordenadas espacio-temporales.

Hay múltiples técnicas que nos permiten alcanzar ese tipo de experiencias, aunque no están exentas de peligros. Podemos perdernos en el mar de sensaciones, inundarnos de experiencias indigestas o perder el norte psicológico.

El **exceso** de escucha y de contemplación interna no avisa, ocurre de repente y puede acarrear un coste emocional alto. Uno se fue a dar un paseo espiritual por el cosmos y apareció la lluvia de meteoritos de los estresores y traumas no resueltos.

El silencio puede vivirse en soledad o de forma compartida. Cuando hablamos somos dos, cuando callamos y nos miramos somos **uno**. En silencio, podemos observar, escuchar, escribir, crear y leer mejor. Quien te escucha se ha escuchado a sí mismo.

La música nos inspira, nos conduce y nos motiva. No hay nada como combinar actividades en silencio y con música, con tareas en soledad y con otra gente.

Cuando te comparta mi fragilidad, antes de animarme y sacarme de donde estoy emocionalmente, atrévete a escucharme y acompañarme hasta donde estoy. Antes de motivarle y arrancarle del lugar donde se encuentra, es mejor que le **comprendas**. A veces, las palabras nos separan y el silencio consciente nos **une** más.

La **inspiración** es asociación (espontánea) y la asociación es **conexión.** La conexión es interdependencia y la interdependencia es acompañamiento recíproco. Nos enseñaron a desconectarnos y, sin embargo, todos anhelamos sentirnos conectados.

Conectar activa la magia del encuentro natural que colma la vida de sentido. Conectar es el antídoto contra la soledad estéril, la no deseada o la que es excesiva en dosis. Esa soledad es la antesala del vacío de sentido, la enfermedad física y el trastorno emocional.

Podemos **practicar** cada día unos minutos de soledad y silencio, poniendo el móvil en modo avión solo cinco minutos y haciendo lo que el cuerpo nos pida. Tal vez con práctica podremos ir aumentado cinco minutos cada semana. Así nos iremos sintiendo más cómodos.

Si dosificamos y aprovechamos la soledad para exponernos a nosotros mismos, pasará de ser una cruz a un **alivio**, un hoyo a una cima. La **soledad dosificada** garantiza una necesidad social más ajustada. Ya nos conocemos y tenemos el calor de nuestro hogar. Salimos, nos mezclamos y nos ventilamos. Pero no forzamos hacernos amigos de alguien que no concuerda con nuestra forma de ser.

Igualmente, la conquista de la **soltería** nos asegura no acabar en relaciones de pareja donde no encajamos. El miedo a la soltería es la fórmula infalible para ser infeliz en pareja. Si no sabemos estar solos dependeremos de otros para regularnos y calmarnos, para motivarnos y encontrarle sentido a la vida.

Además, esa alta **necesidad** de contacto social es visible. Nos hace perder el interés a ojos de otros. Somos mamíferos y naturalmente nos atrae la escasez. Atraeremos a personas igual de dependientes, evitativas o ansiosas que nosotros.

Soltería no significa soledad. Tener una relación sana con uno mismo es la base para tener **relaciones sanas** de pareja o amistad. Por eso es importante aprender a estar solteros antes de tener pareja. Nos aseguramos de que la pareja sea algo más en nuestra vida, no todo, ya que todo podemos lograrlo «por nosotros mismos», economía, gestión emocional, tareas de casa. Así nos moveremos desde el deseo y los valores, no desde la necesidad y los antivalores.

Solo aceptaremos personas con las que crezcamos, aprendamos, que nos inspiren, nos ayuden a crear y a creer en nosotros mismos. No seremos partícipes del amor romántico **oficial**, basado en el drama de la adicción mutua entre personas que no saben sostenerse por sí solas.

Si alcanzo un nivel de economía, de autoconocimiento, de nivel profesional, seré más exquisito y no me lanzaré a los brazos de cualquiera. Ser poco **selectivo** es señal de tener mucho miedo a la soltería, a la soledad de uno con uno mismo.

La soledad elegida es sana, **dosificada**, creativa. La soltería elegida se convierte en el antídoto eficaz contra las redes del amor romántico oficial (tan tóxico y dramático), que vertebra y refleja la sociedad digital de consumo actual.

SI QUEREMOS DISFRUTAR DE RELACIONES DE AMISTAD Y DE PAREJA RESPETUOSAS, ES PRIMORDIAL SER CAPACES DE MANTENER UN ESPACIO Y UN TIEMPO PRIVADOS.

Pasar tiempo de calidad a solas, viajar a solas, tener *hobbies* y ocio por nuestra cuenta.

Suena contradictorio, pero cuando aprendo a estar tranquilo conmigo mismo, me siento más conectado con todo lo otro. Y siento y comprendo que todo lo que hacemos para no estar solos nos hace sentir aún más solos. Y así, la incapacidad de estar solteros retroalimenta el bucle de las parejas dramáticas que observamos alrededor.

Lo que se comparte se alivia, lo que se calla se pudre. La verdad es un escudo, los secretos son tumores cuando los oídos escuchan y los hombros se arriman. De lo contrario, el silencio puede ser la **medicina** y compartir en exceso un problema. Es importante elegir bien con quién nos abrimos y qué parte nuestra compartimos.

Ante la duda, siempre que podamos, si el ambiente y la compañía merecen la pena, nos abriremos proporcionalmente al nivel de apertura que intuyamos enfrente.

Por último, en la cultura del selfi, está de moda exhibir un tipo de soledad fingida para ponernos por encima del otro, generando un halo de superioridad, falsa autosuficiencia e independencia narcisistas. Se **aparenta** tener todo y no necesitar nada.

Aunque no necesitar nada es no necesitar a nadie. Y no necesitar a nadie es estar muy solo. Así, uno se relaciona de forma condescendiente con el entorno y se separa de él mientras blande una sonrisa de típex y cartulina.

9.

SENSIBILIDAD

Puedes pensar que soy pequeña, pero tengo un universo dentro de mi mente.

YOKO ONO

La sensibilidad es la capacidad de percibir sensaciones a través de los sentidos y de reaccionar a ellas. En general, hay una gran **variación** individual en cuanto a las percepciones y a las respuestas sensoriales. Hay gente extremadamente sensible a los ruidos, las luces, los olores o las sensaciones corporales. Y gente que no ve, escucha, huele ni siente la diferencia entre un jersey de algodón y otro de lana.

En concreto, en psicología se habla de **alta sensibilidad** para señalar la tendencia a una alta emotividad o elevada predisposición a emocionarse, a una alta sensorialidad o elevada capacidad para percibir estímulos internos y ambientales, y una alta disposición al pensamiento profundo o a reflexionar sobre asuntos y aspectos que a otros les pasan desapercibidos.

Es probable que las personas altamente sensibles dispongan de receptores sinápticos más sensibles, o que tengan un mayor número de ellos, a lo largo y ancho de su SN, ya que un comportamiento o una reacción visible suele ser la expresión de una reacción **neuroquímica interna** (y vicecersa).

Ya sea por **determinación genética,** condicionamientos o por edad, una persona altamente sensible tendrá una menor tolerancia a gestionar una alta demanda de estímulos sensoriales, lo cual hará que tienda a la hiperactivación (o respuesta interna intensa) y se sature de manera más rápida.

Probablemente, no hay una alta sensibilidad de adulto sin **heridas** en la infancia. Se afirma que el dolor sostenido durante la infancia predispone a la alta sensibilidad, e, igualmente, la alta sensibilidad nos puede predisponer a sentir un dolor mayor en situaciones donde otros no lo sienten.

Es normal que, por el mero hecho de vivir, el ser humano vaya poco a poco sensibilizándose a lo largo de la vida. Con el paso del tiempo, la mayoría de las personas sanas tendemos a orientarnos más hacia el corazón, a abrirnos más a los sentimientos, a la vía de abajo, a nuestra dimensión más profunda.

Por poco sensible que uno sea en el punto de partida, muchas serán las vivencias que van a ir impactando contra nuestro tejido emocional y mellando el SN.

Los sustos, peligros, amenazas, disgustos, accidentes, diagnósticos, despedidas, entierros, duelos y demás **estresores universales** son inevitables e inherentes a la propia existencia. Estar vivo significa estar abierto a los momentos amargos de la vida. Vivir es una actividad de riesgo y estar vivo parece a veces un milagro.

Muchos son los **ancianos** que se emocionan, lloran y muestran signos de vulnerabilidad y de cariño que en etapas anteriores se mostraban fríos, distantes y duros como una roca. La edad nos devuelve a la inocencia del origen. Cuerpo, emociones, sentimientos, sueños, esperanzas, espiritualidad, suavidad, vulnerabilidad. Muchos ancianos recuperan la frescura de los niños.

La alta sensibilidad no solo hace que sintamos más las cosas, sino que las sintamos **antes** o que incluso sencillamente nos demos cuenta de ello. A veces es una cuestión de **nivel de profundidad,** otras de velocidad, otras de un mayor grado de conciencia emocional.

La gente **insensible** está más desconectada de su SN y, por lo tanto, muchas veces no se da cuenta de lo que siente. O no sabe lo que siente, ni dónde ni cuándo empezó. O quizá sienta de forma más lenta o liviana. Sin embargo, para el sensible la vida se filtra a través de su SN, está muy vinculado a sus **respuestas internas.** No hay otra manera de sentir la vida.

En realidad, ¿somos más sensibles o solo más **conscientes** de lo que sentimos? ¿Y no es eso evolución, la vía de abajo ensamblándose con la de arriba, intercomunicándose mutuamente? ¿Y la gente sensible no tiene una comunicación más estrecha y, por lo tanto, más evolucionada con su SN? ¿El problema no será que la cultura oficial exige superficialidad, premia la insensibilidad y castiga las muestras de fragilidad humana?

No se puede ser creativo, aventurero y fantasioso sin ser también inestable, emotivo y vulnerable. No existen monedas de una sola cara, y vivir conectados a nuestra sensibilidad incluye experimentar el **lado dulce y amargo** del mismo rasgo. En realidad, si uno no se permite sentir debilidad, nunca comprenderá la auténtica dimensión de quién es. El miedo a la vulnerabilidad es temor a sentir la naturaleza frágil de la condición humana.

El sensible necesita rodearse de sensibilidad para que le valide y refuerce su propia sensibilidad. Para sacar lo mejor de sí, encender su luz interior e incluso iluminar a otros. Personas, trabajos, tareas, *hobbies*, situaciones, contextos que le hagan perder la vergüenza en su forma de ser y le vayan calmando el SN.

De lo contrario, el entorno nos acaba **culpabilizando** y victimizando por algo natural que no elegimos. Y nos apagamos, amargamos y perdemos la dirección, la función, el sentido y las ganas. Nos sentimos desubicados, desnortados, desquiciados. ¿Qué hago yo aquí? ¿Por qué soy tan raro?

¿Y de qué sirve la sensibilidad si no lees?, ¿si no pintas?, ¿si no aprendes?, ¿si no escribes?, ¿si no dibujas? ¿o si no ayudas a la gente? ¿De qué sirve ser sensible si tu amigo se muda lejos y, teniendo tiempo, no le ofreces tu ayuda?

Si no tratas de expresar tu mundo interior de alguna manera, de hacer tu vida una experiencia más bella o de inspirar al resto con pequeñas acciones, la sensibilidad es tan útil como una lámpara sin bombilla o un coche sin gasolina. Otra oportunidad perdida para ejercer el don de la belleza, la sutileza o la ayuda.

En un mundo más sensible no cabrían las conductas que abruman gratuitamente al SN de la gente. El espacio público debería ser regido por el gusto y la convivencia. Impedir tocar el claxon porque sí, tirar petardos fuera de las fechas señaladas, poner música alta en el coche con las ventanas abiertas, escuchar música sin auriculares por la calle, dejar que el perro ladre o que el niño grite constantemente, echar el humo del cigarrillo a la gente, hablar por el móvil en espacios cerrados.

SER SENSIBLE ES SENTIR Y RECONOCER AL OTRO.

Para vivir la sensibilidad como una **ventaja** y no como un inconveniente, como un par de alas en lugar de una losa, es importante activar su dimensión agradable, artística o humanista. Y, sobre todo, expresar y compartir la **mirada profunda** con gente que aprecie la percepción de belleza.

Si en lugar de tapar lo que sentimos, lo compartimos y aprendemos a defender nuestra sensibilidad cuando es amenazada y a vivirla con dignidad, nos sorprenderá ver cómo la gente se pone de nuestro lado y nos comprende más de lo que esperábamos.

Al final, solo sentimos **más y antes** lo que casi todo el mundo tarde o temprano, más o menos, acabará sintiendo y reconociendo. Energía, belleza, justicia, conexión, sintonía, emociones, pureza; fatiga, fealdad, abuso, desconexión, ausencia, bloqueo, corrupción.

Compartirnos cuando estamos flojos significa **colaborar** con la creación de un mundo más sensible, honesto y equilibrado. Tus crisis, dilemas y limitaciones compartidas inspiran y ayudan a otros con las suyas. Con dignidad, respeto y responsabilidad, sin tapar ni fingir nada en la esfera sensible-emocional.

Tampoco hace falta exhibir de golpe ahora lo que se ocultó durante la historia de la humanidad. Poco a poco, sin pasar de la opacidad a la *hipertransparencia*, de la timidez a la pornografía, de la represión al histrionismo de red social.

Lo que tapamos se reprime y reprime eso mismo en los demás. Solo puedes ayudar a los demás hasta donde tú mismo te hayas permitido. El resto se lo culpabilizarás como hicieron contigo.

El **don** del sensible está en el sentimiento, la vía de abajo, la inspiración, la textura, la poesía, la magia, el arte, la clarividencia, lo sutil, los valores. El tesoro escondido que no se ve con los ojos, pero se siente con el corazón. De niños se burlaron de nosotros, los adultos nos enseñaron a reprimirlo y acabamos asfixiados. La clave está en permitirse ahora el sentir lo que nos hirieron entonces.

Dijimos algo precioso y no lo escucharon, dijimos algo preciso y no lo entendieron. Y eso nos hizo sentir extraterrestres. Diferentes, apartados, excluidos, solos. Como si nadie más sintiera lo mismo.

Y privados de la brújula interior, nuestro oráculo personalizado, somos buques cuyas velas recogen el viento soplado por otros. Y siguiendo la estela de otros acabamos chocando contra las rocas.

Para **recuperar** nuestra conexión interior debemos liberar la tensión acumulada de los traumas infantiles, hasta volver a acomodarnos y confiar en nuestro cuerpo, eje, cobijo y cumbre de nuestra manera de ser.

Rescatar el sentimiento cómodo, el reino interior, el instinto de protección, la intuición sana, el movimiento propio. Confiar de nuevo en nosotros, en lo que sentimos, sin necesitar la opinión de quienes no viven lo que vivimos y cuya historia no resuena con la nuestra.

Para ello, dejamos de restarle importancia al sentimiento. Ya no minimizamos lo que nos minimizaron, haciéndonos sentir inseguros y confundidos. Nos abrimos a lo que sentimos y nos permitimos todo. Estamos en lo que estamos y desde donde estamos dejamos de engañarnos. Ya veremos si actuamos o nos callamos, ya decidiremos si lo que sentimos concuerda con nuestros principios.

Muchas veces, las grandes opiniones se sueltan entre los algodones de una **muletilla**. «Es una tontería, pero», primero se resta importancia, luego se aparca la verdad. ¿Cómo no nos va a costar emocionarnos delante de la gente, si nos prohibieron llorar de niños? Nos arrebataron el centro para depender de otro. Cuando se hiere al niño sensible, su inocencia se transforma en **sospecha**. Acaba desconfiando de las promesas, de los finales felices, de la bondad de los otros. A los que se nos hirió la sensibilidad, de adolescentes desarrollamos un microcosmos mental donde el centro del universo somos nosotros y el resto son amenazas que acechan nuestra identidad.

Nuestro SN se convierte en un detector de **mentiras**. La tendencia a la sospecha nos inclina a la profundidad, nos es difícil bajar la guardia en lo social, donde nos llovieron las collejas por ser raros e inocentes.

Nos sentimos fácilmente observados, juzgados, señalados. Por eso tendemos a retraernos, a ser tímidos, a la **incomodidad social.** Para protegernos, creamos un coto privado, vedado, donde poder descansar del melodrama de la vida convencional.

En un mundo regido por gente *replicante*, que recrea y traspasa una cultura popular basada en ritmos, hábitos y tradiciones insensibles, es un reto tener un SN sensible. En un mundo estereotipado, homogeneizado y previsible, el sensible tiende al aburrimiento, el desencanto, la preocupación y la angustia.

El sensible **confirma** que muchas de las soluciones que proponen la psicología académica, el *new age* Disney y la religión de la ciencia oficial pueden generar más problemas que alivio. Si seguimos los pasos exactos de los protocolos, corremos el riesgo de acabar más desbordados o desequilibrados.

La cultura del control recomienda indiscriminadamente **llevar las cuentas** de las calorías, el peso, los pasos, las horas de sueño, los gastos diarios, el ahorro mensual, los pensamientos negativos. Nos hace dependientes del constante conteo, del chequeo y la numerología paranoide.

Literalmente, nos empuja a la *cuantitofrenia* (enfermedad de la medición) y la *aritmomanía*. Nos crea la obsesión y la claustrofobia de la autovigilancia y la ilusión del autocontrol, que genera más tensión, ansiedad y frustración. Nos inyecta el bucle neurótico que transforma el alegre bálsamo en más problemas.

Igualmente, escribir un diario puede ser útil para arrojar más conciencia a quien no la tenga. Puede ser un buen punto de partida para quien se inicia en el mundo de la psicología, la gente joven o con tendencia poco reflexiva y más *replicante*.

Sin embargo, si ya somos profundos y reflexivos de por sí, tomar más conciencia de nuestra mente no solo no nos va a llevar a ningún sitio nuevo, sino que nos va a hacer más profundo el agujero al hacernos más conscientes de su profundidad. Lo cual derivará de nuevo en más chequeos y en nuevos y nulos intentos de mayor autocontrol, que acaban en más autoanálisis y rumiación, elevando más el nivel de exigencia, preocupación, obsesión y compulsión.

Tenemos tendencia a rebotar de profesional en profesional de la ciencia oficialista porque reducen la enfermedad a un síntoma único y sencillo. Ya sabemos de sobra que nuestra historia es compleja y multifactorial.

El sensible se regula mejor saliendo de la **cabeza**, no entrando más en ella. Se tranquiliza saliendo de sí mismo temporalmente para conectar con el mundo y el otro. A través del movimiento, la naturaleza, los animales, la calle, se logra la **reconexión amable** con uno mismo. Sin buscarlo, aparece.

La alta sensibilidad es alta tendencia a necesitar conexión, comprensión y comunicación amables. Es alta profundidad, intensidad, volatilidad, vulnerabilidad y saturación. *A priori*, somos altamente lesivos y nos enganchamos a los estados emocionales con mayor facilidad.

Somos muy sensibles a las órdenes, la condescendencia y la brusquedad, nos recuerda al abuso de autoridad de la infancia o adolescencia. Idealizamos el amor y lo desdeñamos luego. Hemos vivido romances psicológicos intensos con gente que personalmente ni conocemos o con la que nunca hemos hablado. Hemos experimentado rupturas de corazón imaginarias y duelos que se eternizan en el tiempo.

Es conflictivo tener muchas necesidades y expresar pocas **peticiones**, ser altamente sensible y tener una baja comunicación emocional. Hay gente muy sensible que parece lo contrario. Se vislumbra la mampara emocional que crece para protegerse del exterior.

Es importante conocernos para saber cuándo exponernos y cuándo cuidarnos. Es primordial aprender a ponernos en situaciones donde el viento y la corriente van a nuestro favor.

Personalmente, cuando me siento con **energía** baja, mis defensas psicológicas descienden y las expectativas y convenciones sociales me molestan. Algo en mí se seca y me sale una punta afilada, cortante, intimidadora. La impaciencia, la intolerancia y la irritabilidad se incrementan. Mi SN amplia la distancia social para no ser rozado y se prepara para el ataque si toca. Sentirme flojo por dentro me vuelve duro por fuera.

He comprendido cómo funciona mi **sistema defensivo**. Siempre atento, protegiéndome porque desea que sobreviva. Me quiere mucho y, por lo tanto, yo no lo censuro. Permito que se exprese mientras me hago más amigo de él.

El problema no es sentirme débil, sino asustarme por ello. Percibir la debilidad como inadecuación, excepción, error o trastorno. Si estoy **seguro** de mis limitaciones, no me siento inseguro con ellas.

Si alguna vez me reconoces por la calle y me saludas amablemente, mi intención es siempre devolver el mismo grado de amabilidad. Si no lo consigo, por favor, no me lo tengas en cuenta. No te lo tomes personal, no va contigo, es conmigo. Seguramente, vaya justo de energía y algo en mí se esté **protegiendo** en lo social.

Hay una gran **variedad** de personalidades, reacciones y síntomas que reflejan la alta sensibilidad. No todo el mundo siente lo mismo por lo mismo. Ni todos estamos en el mismo punto de autoconocimiento y **evolución personal.**

Hay gente que llora en una película y que es incapaz de comprender los sentimientos de la gente. Otros son sensibles al mundo emocional de la gente, pero no al arte. Hay gente con un enorme compromiso en lo social (ayudar a los más desfavorecidos) que no muestra ni expresa sus emociones. Hay distintos tipos sensibilidades, como la interpersonal, la intrapersonal o la artística.

Es importante distinguir varios conceptos que se solapan o intercambian erróneamente: sensibilidad, empatía, inteligencia emocional, conciencia social y tener modales. Siendo escuetos, sensibilidad significa sentir mucho; empatía, sentir lo que el otro siente.

Por otro lado, **inteligencia emocional** implica la capacidad de entender y gestionar las emociones; conciencia social es comprender el impacto que el individuo tiene en el grupo o colectivo. Y tener modales significa saberse comportar con educación y respeto cuando la situación lo requiere.

De poco sirve ser sensible si no se comparten los mismos **valores**, o ser suave con lo de uno y brusco con lo del otro. Uno puede ser sensible, empático y ayudador con los suyos, y desconectarse de lo concerniente a la sociedad. Otro puede ser sensible, abrumarse fácilmente y no saberse regular o tener una baja inteligencia emocional.

Detrás de alguien que se expresa de manera brusca puede haber alguien tan sensible que la tensión emocional le obligue a ser tajante. Si es algo constante y no circunstancial, será alguien con alta sensibilidad y baja empatía e inteligencia social.

Es difícil conocer a gente con esas cinco **capacidades** a un nivel alto. La sensibilidad es solo una capacidad de cinco y, por lo tanto, insuficiente para hacerse amigo de alguien por el mero hecho de ser sensible.

Es posible que un SN sensible no responda del modo esperado a la **dosificación** recomendada por la cultura oficial. Al tener un mecanismo de percepción y respuesta más afinado solemos sobredosificarnos y saturarnos con facilidad. Debido a ello, mucha gente sensible tiene tendencia a la hipocondría, esa voz interior que quiere evitar que lo pasemos mal de nuevo.

Puede que en ocasiones la **posología** recomendada nos funcione. En otras ocasiones, la medida, cantidad y grado exacto de una actividad, alimento, medicina o compañía será algo que deberemos descubrir por nosotros mismos. Cada uno en su propio caso, estudiando, explorando, probando, aprobando y confirmando.

Se requiere de cautela y valentía, somos **cobaya** y laboratorio. Nuestros resultados son orientativos para otros, nunca generalizables. Es importante testear, conocer y asumir riesgos y límites, saber la dosis que nos estimula sin envenenarnos. Abrimos más el grifo cuando algo nos cae bien, lo cerramos cuando nos desborda. Apreciando la zona cómoda, pero sabiendo que, para desarrollar cualidades, resiliencia y crecimiento, debemos exponernos un poco a lo desagradable. Ir ampliando el nivel de **tolerancia** a lo que nos disgusta respetando nuestros límites. Evitando las dosis heroicas.

Así vamos ampliando la **ventana de tolerancia**, nuestra capacidad para gestionar dificultades. Por ejemplo, escribir los pensamientos en un diario puede ser útil si apenas tenemos «conciencia personal».

Si nos excedemos, podemos acabar rumiando inútilmente y fusionarnos con el pensamiento automático. Podemos confundirnos y acabar retraumatizados, con más ansiedad.

A pesar de conocer su efecto terapéutico, la dosis y la frecuencia de algunas moléculas, situaciones o tareas suelen ser un jardín privado. Un viaje hercúleo o una epopeya personal que a veces nos conduce por terrenos pantanosos hacia la sobreestimulación.

Incluso algo tan inocente como charlar y compartir nuestros sentimientos. Sabemos que a veces alivia, aunque otras veces puede estresarnos más por ahondar de nuevo en la intensidad del sentimiento. La importancia de conocer nuestra **dosis** personal, según el momento, la situación, la compañía y el contexto, es de una importancia garrafal.

Tampoco los libros y las prácticas espirituales están exentas del peligro de la **sobredosis**. Nada es inocuo, y menos lo que se vende como panacea y Santo Grial. Muchos libros sobre psicología nos llevan por el camino contrario al crecimiento. Muchas de las prácticas espirituales se aplican como alivio y acaban poniéndonos más ansiosos. Todo está relacionado con el nivel de profundidad, el tiempo de exposición, nuestro estado inicial y el contexto donde las realizamos. Nada de esto aparece en el protocolo que nos venden.

A través de la meditación o la toma de sustancias psicodélicas se anhela un estado mental de disolución o revelación agudas. Sin embargo, estos estados acaban sensibilizándonos más, llevándonos a un estado de «contagio emocional patológico».

La mente ya no distingue entre lo que es suyo y es del otro. Ya no filtra ni se amuralla, ni pincha, ni corta. Es todo apertura y espacio, y con facilidad se siente abrumamiento y desborde. No se habla de la posología en las prácticas espirituales y debería ser algo obligatorio, pues lo mismo en distintas dosis te puede llevar al cielo o al infierno. Y no es poesía.

Es importante practicar la **gradualidad**, la ciencia del poco a poco. Ir afianzando el paso antes de seguir abriendo la ventana de tolerancia al caos. Sin fisuras ni inundaciones, con una adecuada *hormesis*. Así es el arte de las pequeñas dosis, del peldaño a peldaño.

Un **ritmo** a menudo opuesto al que nos dicta la cultura oficial. Alta sensibilidad suele ser alta saturación.

Caminar descalzos por las brasas, sumergirnos en agua helada o los retiros de silencio de diez días sin una previa preparación son vías directas a la retraumatización. Así es como lo que nos prometía curar nos ha acabado desgarrando.

Por lo tanto, antes de marcharnos a caminar desnudos por las montañas heladas para gestionar los picos de ansiedad, ¿qué tal terminar la ducha diaria con un chorro de agua fría durante cinco segundos? Se trata de ir aclimatando la respuesta del cuerpo a los obstáculos. Está vivo, necesita **amabilidad**, comprensión y más acompañamiento que empujones.

Hace años, asistí en Barcelona al taller de un gurú de la respiración acelerada y la exposición al frío. El tallerista era un estudiante extranjero que apenas pasaba de los veinte años. Se jactaba de ser estudiante de Psicología y un erudito en la eliminación de la ansiedad y el estrés. La técnica era sencilla y prometía sanar todos los males fisiológicos y emocionales imaginados.

En mitad de la sesión, un asistente se quebró de manera severa y entró en estado de *shock*. Se asustó sobremanera, se desesperó y balbuceó palabras serias. Rompió a llorar y a gritar desconsoladamente. Al final compartió que estaba en tratamiento psiquiátrico por una depresión clínica.

El joven gurú, sin hablar una palabra de castellano, le guiñó el ojo y le entregó su tarjeta de visita para seguir en formato individual las sesiones de respiración y hielo. Bendita juventud inconsciente y temeraria, qué lástima sentí por aquel hombre. Ojalá no acabara aquello en otro estropicio «iatro-gurú-génico». De buenas intenciones está lleno el infierno.

Es necesario **defender** nuestra sensibilidad. Poner a raya las faltas de respeto, normalizar la forma de ser de cada uno. «Eres un rayado», «eres un flojo», «eres un quejica». La profundidad, la duda, los sentimientos, el gusto, la buena educación nunca son un defecto.

No morder el **anzuelo oficial**, no dejarnos atropellar de nuevo y no huir de la confrontación verbal cuando atacan nuestra personalidad. Los «eres», los «siempre», los «nunca» están prohibidas en un diálogo sensible.

SER SENSIBLE NO ES EXACTAMENTE SER VULNERABLE; NEGARLO SEGURO QUE LO ES.

Se es sensible por el mero hecho de sentir mucho, no porque uno sea débil. Tampoco se trata de ser menos vulnerables, sino de manejarnos mejor cuando nos sintamos vulnerables. La vía de abajo no la forzamos, va sola.

No podemos hacer que nos guste el miedo, pero sí es una **meta real** que nos asuste un poco menos. No es cuestión de dejar de ser quien somos, sino de aprender a conocernos y a gestionarnos mejor. La meta no es mantener la calma en la hiperactivación emocional, sino la **confianza**.

Y cuanto más **íntimo** vamos y más confianza tenemos, más sensibles nos mostramos, hasta deslizarnos entre las cenizas de las cuevas infinitas que ayer nos distanciaron. Juntos andamos el uno hacia el otro, sin dejar de ser uno mismo. Si nos mostramos transparentes con el otro y nos compartimos como somos sentiremos que no somos tan distintos. En el fondo no hay dos, solo nos separa el grado y la forma.

Es necesario descondicionar la **tristeza**. Que nos deje de asustar llorar. Llorar no es perder el control, es perder el miedo a dejar el control. Resistirnos a llorar es también resistirnos al alivio posterior de las **lágrimas**. A menudo, hay más drama en frenar las lágrimas cuando asoman que en dejarse llevar hasta el fondo por ellas.

Además, el mundo no se termina por llorar. Es más, detrás de las lágrimas empieza otra vez. Esa es la función de la tristeza: abrir nuevos mundos más profundos y honestos.

No nos sacamos ni secamos las lágrimas, no hay nada que esconder. Si no nos tapamos los dientes cuando sonreímos, no tapemos las lágrimas cuando lloramos. Que a la lágrima no le siga la culpa, sino la comprensión. Que a la lágrima no le siga la vergüenza, sino la sensación de liberación. Mostramos dignidad y coherencia.

A veces nos conecta más llorar junto a un ser querido con el que tenemos asuntos pendientes que meramente conversar.

No me gusta que la gente llore, pero me gusta que cuando lo hagan no se tapen —ni se exhiban tampoco— por ello. Ese gesto aumenta la comunicación, la confianza, el vínculo. Nos acerca a la **solución**.

Es necesario dejar de **justificar** la sensibilidad. No pedir disculpas por emocionarse en público. Nunca pedir perdón a nadie por cómo uno se siente. Uno no es peor ni mejor ni tiene menos ni más razón ni tiene menos ni más derechos por ser sensible.

Todas las emociones tienen su sentido y función. El **enfado** no nos gusta, pero bien canalizado nos permite encarar asuntos pendientes y aclarar posturas. Sin embargo, la **alegría** resulta superficial, y quien siempre ríe nunca profundiza. El alegre carece de sentido crítico y, por lo tanto, a menudo *replica* la cultura oficial.

¿Y qué tal ha ido negando el **miedo**? Más aversión a la vida.

Que alguien reaccione emocionalmente menos que otro no le hace tener más razón o ser más sabio. Es solo otra forma de ser. No estás loco por tener miedo a sentir, nos enseñaron a base de sustos. Es normal sentir miedo, lo cual no es óbice para que sigamos yendo suavemente hacia ese sentimiento sin recrearnos más de lo debido en él.

La **inseguridad** no es sentir miedo, sino sentirnos incapaces de acoger el miedo que sentimos. Es importante perder miedo a sentir incertidumbre, inseguridad, malestar o miedo. Perderle miedo a sentir, a vivir lo que somos.

Hasta el siglo XX, ser suave era ser débil. En el siglo XXI, mostrar sensibilidad es una fortaleza más. Así evoluciona la especie, dejando de cortar la vía de abajo, incluyéndola, dándole su espacio e importancia. La vida es más coherente si se vive de abajo arriba permitiéndonos todo.

La **fortaleza** es la capacidad de estar más cómodo en lo débil y, desde ahí, mezclarnos sin tapujos con la vida.

El sensible tiende a ser más profundo e intenso. Si se fija y no anda distraído, anticipa y vive antes las cosas. Es un SN que detecta el peligro, la injusticia, el desorden y el conflicto porque desea un mundo mejor. Es un cerebro más comprometido con la armonía del entorno y de la especie.

Debe escuchar las reacciones de su SN, no debe esconder sus reclamaciones. Le hablan de cómo innovar y mejorar algo. Al saturarse rápido, es un experto en detectar la insostenibilidad de las relaciones y las acciones, haciéndolas más duraderas psicológica, emocional, social y económicamente.

A veces, la gestión emocional tiene más que ver más con poner límites y decir un no a tiempo que con sentarnos en posición de loto, cerrar los ojos y exhalar profundamente.

En realidad, no es que el sensible tenga más dudas, es que está más en contacto con la **duda** y es más consciente de ella.

Al vivir más hacia dentro, creemos que los otros también lo están, pero no es cierto. Necesitamos compartir con el otro lo que sentimos y necesitamos. Al **expresar** la sensibilidad, esta adquiere toda su esplendor, relevancia y sentido. Desde que «tengo más sensibilidad», me abro y confío más en ella.

Nadie lee peor la mente ajena que el insensible.

Hay canciones, libros, series, documentales y pódcasts que nos estimulan y despejan, y otros que nos calman y relajan. Los primeros los tomamos con el café por la mañana; los segundos, de noche con melatonina. La noche es para descansar, la inspiración que nos pellizque de día. El SN sensible necesita de más orden, así nos protege, haciéndonos sentir más funcionales y menos vulnerables.

Nadie que me vea caminar por la calle diría que soy sensible. Mi envergadura, energía, movimientos, mirada, gestualidad y apariencia apuntan hacia lo contrario. Hay mucha gente que son sensibles por dentro y tienen un aspecto duro por fuera. El personaje, la fachada, la máscara, la defensa, como lo quieran llamar, es solo una parte de nosotros.

Tanto nuestra forma como nuestro **fondo** son un resultado orgánico y automático. Se gestaron desde nueve meses antes de nuestro nacimiento y todo este tiempo han corrido ajenos a nuestra voluntad. No siento culpa por nada de lo que no he elegido yo.

Por mucho que de adolescente fuera gamberro, impulsivo y conflictivo, en el fondo siempre ha habido sentimiento y reflexividad. La diferencia es que antes no lo sabía y confundía resentimiento con insensibilidad.

Igualmente, por muy psicólogo que sea, por mucho que lleve veinticinco años en el campo de la psicología, haya seguido una práctica espiritual formal de trece años, haya viajado y leído mucho, tenga conciencia, información, modales y sensibilidad, sigo siendo yo mismo en fondo y forma.

Creo en la paz y en el encuentro, pero no dudo en iniciar una pequeña reyerta y chocar si considero que la situación lo requiere y el momento es oportuno.

No todas las personas altamente sensibles encajan en la descripción de la psicóloga que creó la etiqueta PAS (Persona Altamente Sensible). Mi experiencia profesional me ha demostrado que hay mucha más gente altamente sensible de la que lo parece. Y a menudo, cuando vemos acciones y reacciones exageradas, estas son debidas a un SN muy sensible, asustado, que compensa en la parte visible lo que internamente le sobrepasa.

Cuanto más perdido uno está por dentro, más necesita llenar los espacios visibles.

Somos **suaves** y **firmes**, fuertes y mutables. Formamos parte de una *new breed* (nueva estirpe), uno de mis primeros tatuajes en la mano.

Podemos pensar, hablar y movernos rápido, hablar alto, anticipar, liderar, y a la vez ser muy sensoriales, profundos, emotivos y sintonizar nuestro nivel energético con lo que demanda la situación.

Damos paz y calma cuando la recibimos. Nunca ponemos la otra mejilla. Eso es religión, culpa, siglo XX.

Nuestra brújula es nuestro **corazón**, como sentimiento, sensación, intuición y pálpito. El SN liberado de la culpa y la vergüenza, no antes. No somos el corazón que la cultura oficial habla a nivel romántico, dramático, oficial y tóxico.

El destino y la verdad personal residen en nuestro movimiento automático. En **lo que es** y uno no eligió, latiendo, pulsando y respirando a ritmo propio dentro de cada uno.

De base y en general, lo oficial es insensible y lo **real**, sensible. Nos quieren *androides digitales* atemorizados y a la vez fingiendo felicidad. Sin embargo, somos seres **emotivos y cambiantes,** unas veces nos mostramos firmes y otras suaves.

Hay gente que cuando estás flojo aprovecha para apretarte las tuercas, te muestra interés haciéndote sentir culpable. Te motiva haciéndote sentir pequeño y al abrirle el corazón, te lo acuchilla. La misma gente a la que cuando le devuelves la misma actitud para que la vivan en sus carnes y despierten la conciencia, se sienten atacados.

Hay gente que cuando te cuenta sus problemas lo hace de manera elaborada, profunda, hablando lento, metiendo sentimiento, datos personales. Acompañando, contactando, tendiendo un puente entre su psique y la tuya. La misma gente que racionaliza, minimiza, simplifica y relativiza tus problemas cuando los compartes.

Hay gente PAS con lo suyo y **PAI (Persona Altamente Insensible)** con lo del otro. Muy emotivo y sensible con sus cosas, y muy racional y brusco con lo tuyo. Es necesario hacerles notar esa incoherencia. De nada sirve la sensibilidad sin empatía.

Hay gente abiertamente cariñosa y sensible con los animales, y fría y antipática con los humanos. Esa gente que saluda al perro por la calle e ignora al humano con el que pasea. Hay gente que en lo social lo hace todo al revés y te llama a ti raro.

A nuestra gente se la ve de lejos, tiene sensibilidad y **principios**. Tenemos claro que no hemos venido a tapar el sentimiento, sea del color que sea, sino a vivirlo con más naturalidad y menos culpa. Somos una *new breed,* una nueva estirpe, **inclasificable**.

Por último, parece que algo está cambiando en los entornos laborales. Hay voces oficialistas, entusiastas y motivadas, que afirman que, igual que el pasado fue de los que eran «físicamente fuertes», el futuro es de «los sensibles».

Se habla incluso de una revolución emocional donde el ritmo será marcado por los sentimientos de los trabajadores. Se han dado cuenta de que el **insensible** se aprovecha más de la gente.

EL SENSIBLE ES MÁS FIABLE Y TIENE VALORES PROFUNDOS, COMO SUS SENTIMIENTOS.

Parece que en la era más materialista que ha conocido la humanidad hay una ventana a la profundidad y a la sostenibilidad, cuya manilla está solo al alcance de la gente sensible.

10.
INTROVERSIÓN

No odio a la gente, solo me siento mejor cuando no está cerca.

CHARLES BUKOWSKY

Hemos sido educados para ser **extrovertidos**. En la escuela y en la universidad, nos han metido en aulas grandes, junto a decenas y centenares de personas. En los pasillos, en el patio y en el comedor, hemos convivido rodeados de mucho trasiego. Espacios grandes, abiertos o cerrados, llenos de voces, movimiento, ruidos, olores.

Nos han hecho leer en público, hablar en público, salir a la pizarra y presentar en público. Nos han obligado a hacer trabajos en grupo y exámenes orales frente a la mirada examinadora de otros.

En general, en los puestos de trabajo también solemos estar rodeados de gente, de prisa, de velocidad, de energía alta y arrolladora. Está claro que a la cultura oficial le interesa que seamos extrovertidos, sociables, abiertos, simpáticos.

Se han condenado las actitudes y conductas orientadas a la soledad, el silencio, el recogimiento y la individualidad. «¿Se te ha comido la lengua el gato?» «Estás muy callado, ¿estás bien?» «Sal a despejarte, sal a jugar con tus amigos.»

Está claro que hemos sido forzados y casi obligados a ser de una manera diferente a la que somos. Hemos sido señalados por no apetecernos hacer lo que se supone que a la mayoría les gustaría hacer. De este modo, se ha extendido la idea de que ser extrovertido es la forma más natural, correcta y sana de ser.

Sin embargo, según las estadísticas, hasta el 50 por ciento de la población mundial se identifica con el rasgo de la introversión. Imaginemos el sufrimiento por *atrapamiento cultural* que llevan todos los que están dentro de este grupo. Se han tachado conductas completamente normales, de personas introvertidas, como patológicas.

¿Estás igual de **tranquilo** en el sofá de tu casa que caminando en una avenida llena de gente? ¿Te sientes igual de cómodo con tus amigos que en presencia de una mujer u hombre atractivo?

Durante los últimos dos años, he realizado un test rápido sobre alta introversión a mis clientes. Sorprendentemente, el 99 por ciento dieron puntuaciones dentro del rango introversión-ambiversión. Tan solo un uno por ciento se situó dentro el rango de la extroversión. ¿Acaso solo la gente introvertida necesita ir al psicólogo, hacer trabajo interior o ponerse en contacto conmigo?

Tanto la extroversión como la introversión son rasgos de personalidad **naturales**. Lo único que los distingue es el grado de sociabilidad, es decir, si se tiene una alta o baja necesidad de socializar, de rodearse e interaccionar con gente. Si el tipo de contexto que se suele preferir es más tranquilo o animado.

No hay un rasgo de **personalidad** mejor que otro, depende de cada contexto, momento y situación. En una fiesta multitudinaria, llena de miradas, movimiento y ruido, una persona extrovertida funcionará mejor. En la escritura de un libro bajo presión de fecha de entrega, donde se requiere de grandes dosis de soledad, silencio y constancia, una persona introvertida funcionará mejor.

Al **extrovertido** tiende a gustarle la gente, socializar, colaborar, y no le importa ser el foco y el centro de las miradas. Su atención suele estar orientada hacia el mundo exterior que comparte con otros. Su mente tiende a estar ocupada haciendo planes sociales, emprendiendo proyectos que implican a otra gente, teniendo citas, haciendo salidas en grupo, charlando con otras personas, incluso con desconocidos.

En compañía de otra gente se olvida de sí mismo y se armoniza internamente.

El extrovertido funciona mejor trabajando en grupo, haciendo tareas comerciales, de cara al público o de relaciones públicas. También tiene mayor tendencia a ser infiel a la pareja y a tener accidentes de tráfico.

Por otro lado, el **introvertido** tiende a ser más reservado, solitario, analítico, reflexivo. Su atención está más centrada en su mundo interior (pensamientos, sentimientos, imágenes mentales, deseos, planes personales).

Le gustan los espacios tranquilos apartados de los ruidos, con baja estimulación. Disfruta de la concentración y la soledad. Tiende a escuchar más que hablar y a ser más cauteloso. Se calma en compañía de sí mismo, reconectándose recupera su equilibrio emocional.

Ambos pueden ser buenos **líderes**. Es obvio que el extrovertido, al ser más «experto» en temas sociales, puede serlo con cierta facilidad. Sin embargo, poco se sabe de las dotes de liderazgo del introvertido. Al ser más personal en el trato, y no ser impulsivo, genera más confianza en el corazón de la gente y puede ser un gran cabecilla.

Muchos de los delegados de clase en la escuela y en la universidad, y de los capitanes de equipos de deportes de grupo, suelen ser introvertidos, ya que, al ser más comedidos, suelen tener un trato más cómodo y llegarle mejor a la autoridad.

Muchos científicos, artistas, líderes y deportistas destacados y laureados socialmente, incluso grandes genios de la humanidad, fueron y son grandes introvertidos.

La importancia de las redes sociales ha creado una epidemia de **falsos extrovertidos**. La mayoría de la gente que destaca en entornos digitales es percibida como extrovertida. Confundimos una aparición concreta con un rasgo de personalidad, un momento puntual con una forma de ser.

Admiramos a *youtubers*, conferenciantes, científicos, empresarios o artistas por sus obras, vídeos, libros, y porque les vemos hablando tranquilamente ante grandes auditorios. También porque sus vídeos tienen millones de visitas. Creemos automáticamente que son personas decididas, enérgicas y extrovertidas.

Mi experiencia, habiendo conocido personalmente, trabajado profesionalmente y en algún caso incluso convivido con estos perfiles, es que la mayoría de la gente que destaca en las redes sociales, en la distancia corta es tímida e introvertida.

Quizá por eso se toman en serio y son tan constantes en sus redes sociales. Es su gran momento de conexión con la gente. Su salida terapéutica de la cueva, la forma en la que compensan su dificultad para establecer relaciones humanas directas.

El problema de **esconder** nuestra introversión es que la sociedad acaba asociando éxito socioeconómico a rasgo extrovertido. Reforzando la presión recibida de niños y marginando de nuevo a la introversión. Percibiéndola como una serie de actitudes y conductas disfuncionales no deseadas.

En la **cultura del selfi,** donde imperan la ostentación y la exageración, un vídeo de alguien en silencio y soledad, pensando, leyendo, escribiendo, descansando, tumbado, creando, tendría escasa acogida.

Todas las cuentas y los *influencers* millonarios son expertos en mostrar conductas y actitudes exageradamente desinhibidas y sociales, y, por lo tanto, extrovertidas.

La **timidez** es la sensación de incomodidad y miedo al hablar y relacionarnos con otra gente. Es el temor a ser juzgados y la dificultad para fluir tranquilamente en situaciones sociales.

El tímido tiende a sentirse inseguro en las interacciones sociales, llegando a cohibirse y a evitar el contacto visual. Se siente fácilmente hiperactivado, evita ser el centro de la conversación y hasta que coge confianza no suele hablar mucho.

Por el contrario, alguien socialmente **decidido** tiende a abrirse más a la gente y a probar cosas nuevas. La introversión es una forma natural de ser, la timidez es una sensación desagradable, Si mezclamos timidez y decisión con introversión y extroversión aparecen cuatro maneras de relacionarnos con la esfera social.

El **extrovertido decidido** tiene muchos amigos y es el líder de los grupos a los que pertenece, no tiene ningún problema en relacionarse con los demás. Como nunca ha sentido inseguridad, cohibición o fatiga social, no comprende a las personas introvertidas o tímidas.

El **extrovertido tímido** prefiere estar con gente, aunque a veces se siente incómodo y cohibido, sobre todo al principio. Tiene una alta necesidad social, pero su inseguridad le hace pasar malos ratos.

El **introvertido decidido** prefiere la soledad, la tranquilidad y la reflexión, y por ello se le puede considerar tímido, aunque un día se siente el protagonista y el centro de atención y otro día necesita estar solo y pasar inadvertido.

El **introvertido tímido** tiende a ser un gran solitario y a tener escasos amigos, se siente muy inseguro en las interacciones sociales. Su ventaja es que, al tener una baja necesidad de contacto social, no se expone demasiado a la gente y evita pasarlo mal innecesariamente.

Buscar el contacto social es una dirección valiosa, aunque dependiendo del grado de profundidad y las condiciones de cada interacción. Máxima comprensión y respeto a la introversión y la timidez; a sus motivos, limitaciones y dones.

De niño se dio por hecho que yo era un extrovertido decidido. Aunque no me sentía del todo cómodo en los grupos y tuviera momentos de cohibición y de quedarme en blanco, sobre todo, en las distancias cortas o íntimas. Era como si buscase la atención y el **reconocimiento**, y a la vez no me sintiera cómodo con ello.

Con el tiempo, descubrí que socialmente no soy quien la gente creyó que era y que yo mismo acabé creyendo ser. Fue después de sacarme la culpa de encima, de dejar de compensar limitaciones, de soltar expectativas sociales y dejarme tranquilo con mi forma natural de ser.

Me identifico como introvertido decidido, y me sorprendió cuando salí marcadamente **ambivertido** al realizar el test de introversión. Era la palabra que me faltaba para armar el puzle de mi personalidad. Hasta los veintidós años siempre había liderado los grupos a los que pertenecía y nunca hacía nada solo.

A esa edad me fui a vivir un año a otro país y sentí por primera vez la soledad física, acompañada por la tensión de tener esforzarme y salir para conocer gente. Allí me di cuenta de que me sentía mejor no perteneciendo a ningún grupo cerrado. Me gustaba y me sentía más cómodo siendo una mariposa social.

Aparecer y desaparecer, hablar con todo el mundo y con nadie al día siguiente. Ser un foco **intermitente**. Me sentía más natural y ligero sin el peso del compromiso de tener que liderar o crear planes para otros.

Durante mi época californiana, más adelante, de nuevo caí en el **solitario social** que era. Un poco de gente me animaba, demasiada dosis me cargaba. Fue saliendo de mi barrio, ciudad, país, cultura, y marchándome lejos de familiares y amigos cuando pude reconocer mi esencia ambivertida real. Ese punto medio basado en la gradualidad, la dosificación y la intermitencia.

Hay días que tengo mucha facilidad para saludar a gente, establecer contacto visual y hacer amigos. Otras veces entro en un mutismo selectivo, rehúyo las miradas, no me apetece hablar con nadie. Cuando aparece la mampara emocional, a menudo es palpable. Unas veces soy intenso y cariñoso, otras veces estoy más arisco y evitativo. Mi **energía social** es delicada y cambiante.

Muchos admiran mi energía expansiva, excitante y extrovertida, cuando pienso, hablo y me muevo rápido, bromeo, levanto miradas y logro hacer que pasen cosas alrededor. Pocos comprenden mi lado solitario, pausado e introvertido. El silencio, la quietud, la fatiga, la ventana interior.

La Sergiedad pasa de un estado marcadamente social a otro silencioso en una fracción de segundo. En medio de una conferencia, de la grabación de un vídeo o de una reunión. Donde hasta un momento era fuego y centro de atención, paso a borde y agua.

Ha caído el telón, algo se ha fundido dentro. Se ha desconectado el enchufe y decae el nivel de atención. De protagonista paso a ser espectador, de ser el sol a otro satélite más. No es sencillo convivir con un **nivel de energía social** tan oscilante. Sé que en el fondo hay mucha gente así, pero hemos automatizado los roles. Para no preocupar, silenciamos lo que sentimos y acabamos encajando a regañadientes.

Me gustaría que la Sergiedad fuera más sencilla y previsible, más manejable para mí y para la otra gente. Si hubiera estado en mis manos, habría elegido ser un cielo azul despejado de verano todos los días del año. Pero no puedo ir contra natura. No puedo evitar que lo mío sea la inconstancia y la variedad del otoño y la primavera.

La boda es un estruendo, el entierro es silencioso. Con el paso del tiempo, no solo nos vamos haciendo más sensibles, sino también más introvertidos.

Crecimos rodeados de gente en la escuela, la universidad y los puestos de trabajo. Rodeados de estudiantes, compañeros, conocidos, familiares o amigos. Hemos estado cambiando de lugares (tiendas, bares, restaurantes), ciudades, pueblos y países. Vamos transitando hacia una vida más lenta, sedentaria y limitada socialmente.

La edad nos va empujando hacia la esencia, recordando que el final y el origen se tocan.

La cultura oficial nos va sacando lentamente de la **hipersocialización** forzada y nos va metiendo hacia dentro. El imperio cómodo del sensible e introvertido. Lo que al principio fue un problema, al final es la solución.

Si sustituyéramos la mitad de sonrisas sociales por el doble de conversaciones profundas, si los introvertidos salieran del armario emocional y destacaran por lo que son y no fingieran, la gente quizá se suicidaría menos. Quedar bien está sobrevalorado.

11.
INTERMITENCIA

Para cada problema complejo hay una respuesta clara, simple, y equivocada.

Henry Louis Mencken

Al regresar de California me tatué en el antebrazo el lema *Intus ut libet, foris ut moris est*. Dentro soy libre, por fuera según las circunstancias. Ese punto medio me representaba, me hacía sentir moralmente en lo cierto.

Con el tiempo, me di cuenta de que no me siento libre por poder elegir pensar o sentir lo que quiera en cada momento, sino por no luchar contra lo que mi cabeza piensa y mi cuerpo siente.

Por dentro, me lo **permito** todo. Por fuera, trato de adaptarme a las demandas de las circunstancias, el contexto y los hechos que me trae la vida.

Soy un **espejo**, doy lo que recibo. A veces me siento un martillo y otras una esponja, según la ocasión. Si me dan cariño, devuelvo cariño. Si me dan una colleja, devuelvo dos. La segunda extra será por el susto y la injusticia. Algunos solo aprenden empatía a golpes, cuando experimentan lo que te han hecho experimentar a ti.

Sobre todo, soy quien soy. No pretendo trascender las circunstancias, estar por encima de los hechos, ir de ser divino o de moralista que da lecciones.

NO ME INTERESA FINGIR SER ALGUIEN QUE NO SOY.

La verdad es el camino más recto. Aunque a veces sea estrecho y empinado.

Puedo ser hablador o callado, simpático o antipático, mirar fijamente a los ojos o eludir la mirada. Soy **camaleónico**. Todo depende de las demandas de la situación y de mi nivel de energía y comodidad. Poco de eso puedo yo controlar. Lo sé porque traté de hacerlo durante los trece años de práctica espiritual formal.

La rareza tiene un componente de **complejidad psicológica**. Somos altamente sensibles, introvertidos y reflexivos. Y por esos rasgos vilipendiados por la mayoría se nos hizo sentir mal de niños. ¡No seas tímido! ¡Qué sensible eres! ¡Vas de listo! ¡No seas tonto!

Si eres sensible, sentirás vergüenza por estar por debajo de lo esperado y ser flojo. Si eres inteligente, sentirás culpa por estar por encima de lo esperado y ser soberbio o tener «mucho ego».

Cuesta menos **reconocerse sensible** que inteligente. En general, bajar las orejas y mostrar una falsa humildad está mejor visto socialmente. Ser inteligente incluye la amarga sensación de no sentirse demasiado inteligente, esa incómoda impresión de que con cada hallazgo aparecen nuevas evidencias, con cada respuesta aparecen nuevas preguntas.

El conocimiento es tan vasto y el tiempo tan limitado que nuestra consciente incapacidad nos abruma.

Me tatué en la cabeza *Homo INSIPIENS* para aceptar mis limitaciones y dejarme tranquilo. Además, quería llevarle la contraria a la figura del *homo sapiens* sabelotodo y reconocer de antemano mi supina ignorancia.

Eso es para mí aceptar la humanidad de ser humano, el *ignoramus et ignorabimus* (ignoramos e ignoraremos) es la única certeza demostrable, contraria a la idea de sabiduría que difunde la religión de la ciencia oficial.

Considero que vivimos de ideas, hipótesis y soluciones parciales ceñidas a unas **circunstancias** dentro de una época concreta. No manejamos verdades objetivas, infalibles, extrapolables a todos los contextos. Todo cambio es *a priori* posible, aunque no siempre dependa de un gesto de voluntad individual.

La vida, el cosmos y la mente son fenómenos espacio-temporales demasiado amplios y **complejos** como para no considerarlos un *mysterium tremendum*. Quien no muestre humildad y fascinación ante ello es que no ha entendido nada. Quien en el fondo se crea muy inteligente tiene pocos o malos amigos.

Hay que ser poco inteligente para no darse cuenta de que la inteligencia por sí sola, no es suficiente para comprender los aspectos complejos de la vida. La inteligencia REAL no solo es la capacidad de memorizar datos, sino la habilidad de cuestionar los datos que nos obligan a memorizar para parecer inteligentes.

No estoy obligado a saber, he tirado la toalla en ese aspecto. No quiero ser el hombre-respuesta ni soy un sabio esperando la iluminación en la mecedora. Aunque no puedo evitar sentir **curiosidad** e interés por amasar cierto volumen de conocimiento.

Cuando algo nos interesa, nos sentamos, nos centramos y nos concentramos sin darnos cuenta. Es un proceso automático, no hay que ir a buscarlo. Aparece solo.

Entonces reflexionamos y tiramos del hilo yendo hacia atrás y hacia delante. Se nos encienden la **creatividad**, la arborescencia, la asociación compulsiva. Las ganas de aprender, de saber, de explicárnoslo a nosotros y a otra gente. Y a más gente.

Explicarlo de diferentes maneras, en diferentes lenguajes. Tanto para deleitar al vivo como para despertar al distraído. Hasta que nos metemos demasiado dentro. Nos **fusionamos** con la intensidad de la cuestión y con la emoción del cuestionamiento.

Perdemos un rato de vista el tiempo hasta sentir un pellizco en el corazón y cómo la visión de túnel nos trae la sensación de claustrofobia. Y de nuevo tenemos que salir por patas de lo que era una isla cómoda.

No podemos evitar ser críticos y rebeldes por naturaleza, y también inconformistas y glotones. No podemos dejar de ser hijos de la codicia oficial.

Si eres sensible, introvertido y reflexivo, seguramente tengas una *personalidad intermitente*.

Quería ir y acabé no yendo, acabo de llegar y deseo volverme, no quería venir y acabé yéndome el último. Somos frágiles como el viento, la marea o la temperatura. Aún más impredecibles e incontrolables.

Se abren y se cierran **ciclos** internos a cada instante. Descolocados y recolocados con el chasquido de una cerilla. Lo que no funcionaba otra vez vuelve a funcionar.

Necesitamos parar para continuar, y solo seguimos si podemos parar más adelante. Tenemos un nivel de energía **cambiante**, dependiente del entorno y la situación. Si nos gusta lo que hacemos, nuestra fuerza y concentración se convierten en un puntero láser. Si nos aburre, nos sentimos derramados, fatigados, y si no somos conscientes de que somos así y no ocurre nada malo, caemos en el desánimo y la desesperanza.

Nuestros estados internos pueden **cambiar** varias veces a lo largo del día. Podemos sentir el abanico entero de emociones en pocas horas. Y nos las permitimos. No tenemos una única manera de hacer las cosas, ni una única explicación por la que las hacemos.

La **intermitencia** es la cualidad que nos permite sobrevivir dentro de una cultura mayoritariamente *replicante*, predecible y monótona. Saliendo y entrando, bajando y subiendo, sumergiéndonos y reflotando. En ese movimiento de cascada sutil y constante cogemos aire y fluimos mejor con la vida.

Nacimos etéreos, fluidos, **volátiles**, aéreos y mutables y se nos enseñó con dureza, solidez, resistencia, constancia y tocando con los pies en la tierra. Nuestra historia es la de un animal que fue herido por la desconfianza y que debe aprender a confiar.

Nos piden ser una farola fija y seria, un foco de luz estridente de estadio olímpico, y somos más un fogonazo de luz que chispea y parpadea en la oscuridad de la noche. ¡Hay que ser muy **valiente** para nacer fuera de sintonía con la cultura oficial y seguir adelante!

La **inconstancia** es otra forma útil y loable de vivir la vida. No soy bueno trabajando en equipo ni recibiendo órdenes. No soy bueno trabajando bajo presión ni siendo constante. Así es como soy, honestamente. Y aquello es como nos dicen que deberíamos ser todos en un mundo ideal que no existe.

Los años en la facultad de Psicología apenas salía de mi habitación; actualmente apenas puedo estar encerrado unas horas sin sentir claustrofobia. Somos cambiantes y creemos en el cambio. Seguramente llegará, aunque no dependa en exclusiva de nosotros.

No podemos dejar de ser quien somos. Hasta cuando parece que no somos cómo somos. Solo somos **intermitentes**. Artistas y científicos, espirituales y materialistas, superficiales y profundos. Un mes somos creyentes convencidos, el siguiente, agnósticos y el otro, escépticos empedernidos.

Somos la bisagra entre los opuestos.

Un verano decidí aislarme en un pueblo perdido en los Pirineos para acabar la tesis doctoral. Se me estaba haciendo cuesta arriba, sentía mucha pereza, estaba harto y desmotivado, aunque se vislumbraba el punto final y necesitaba encerrarme sin distracciones.

Tras varias horas de viaje en autobús, llegué a la residencia donde me hospedaría durante una semana. Era pleno agosto, época de vacaciones, playa, fiesta e hipersocialización por excelencia en España. Y ahí me veía yo apartado del mundo. **Solo**, castigado en una casa que de lo antigua que era se deshacía.

Al llegar a mi habitación sentí una erupción de emociones que me subió por todo el cuerpo. Miedo, tristeza, soledad, confusión, frustración. Me senté en una silla y me eché a llorar mientras me daba golpecitos en las piernas para **acompañar** la liberación. A los veinte minutos estaba aliviado, calmado, aterrizado.

Pasé una semana estupenda rodeado de naturaleza y temperaturas frescas, de poca gente y silencio.

Algo parecido ocurrió el verano pasado cuando fui a pasar el mes de julio solo a Estocolmo. El vuelo salía de madrugada de Barcelona y apenas había dormido la noche anterior. Llegué vestido de verano, hacía frío y llovía a cántaros.

Sentí una sensación similar. Confusión, claustrofobia, arrepentimiento. Decidí seguir con el plan trazado a pesar de arrastrarme emocionalmente. De noche descansé bien y al día siguiente recuperé el sentido de **aventura** y de seguridad en la decisión.

Algo similar me ha ocurrido al iniciar cada relación de pareja seria y larga que he tenido. El mismo agobio que he sentido al principio de tomar clases de canto o de guitarra. Es la sensación de meternos en algo inabarcable que seguramente nos confrontará con el error.

La primera vez que fui consciente de ser un *slow-starter*, de que por mucho que me guste y me motive algo me cuesta empezarlo, fue en el año 2016, cuando grabé un pódcast para YouTube. En cada uno de los cuarenta y pico episodios tengo la sensación de pérdida de control, de no saber qué estoy haciendo, de que voy directo a un precipicio. Siento vértigo, vacío, freno, existencia, titubeo, hiperobservación.

Al principio es difícil cogerle el ritmo a lo nuevo, es como si algo se nos resistiera. Me cuesta **arrancar** las cosas y el disfrute solo fluye una vez que estoy bien empapado de la experiencia. Soy consciente de que muchas veces eso no es observable desde fuera.

Tal vez sea un gesto pasivo de rebeldía ante lo obligatorio. Quizá algo interno lo asocie con algún tipo de autoridad injusta. «¡Tienes que hacerlo ya!» Algunos lo llaman **autoboicot**, aunque tengo claro que la Sergiedad me quiere y quiere lo mejor para mí.

Hay momentos de **nostalgia** en los que necesitamos sumergirnos para palpar el arrecife. El fondo está hecho del mismo misterio que el origen y el final. Hacen falta sustos para comprobar de qué va la vida.

Necesitamos emocionarnos para recuperar la ilusión y el sentido. Tocar base, volver al núcleo. Recuperar los fundamentos perdidos en el tedio del día a día.

Los referentes nos **inspiran** a recargarnos de esperanza. Volvemos a escuchar, a releer, a mirar sus viejas obras con una nueva perspectiva. Seguro que han andado nuestros pasos. Captamos nuevos detalles, vemos más profundidad. Por un instante, recuperamos a los héroes que nos rescataron de tanta fealdad y vulgaridad. Y lo logran de nuevo. No estamos solos, no estamos tan equivocados.

Una semana antes del fallecimiento de Sánchez Dragó, estuve merodeando de nuevo por su colección de vídeos de YouTube, bebiendo de su excelencia verbal, soberbia intelectual y espíritu provocador y rebelde.

Dos días antes de la muerte de Antonio Gala, estuve repasando los vídeos de sus momentos estelares en televisión. Disfruto de su aguda sensibilidad, belleza verbal y pensamiento crítico. Incluso había mandado a varios amigos un vídeo suyo definiendo la libertad.

Todo ocurrió durante la época que dejaba el pueblo donde había residido nueve meses. Tocaba de nuevo mudanza, la cuarta en tres años. Era un momento de nostalgia, de **despedirme** otra vez.

Era consciente de que se cerraba una etapa insípida que no iba a suponer ningún hito en mi historia personal. El lugar no me iba a dejar poso sentimental, aunque había sido mi cueva y mi hogar. Había creído y creado en él.

Por mucho que haya cosas que no nos calan y no nos dejan huella, la mente intermitente bebe de la sensibilidad y de la nostalgia. La despedida, por superflua que parezca, nos conecta con el final de las cosas. Al corazón le guían razones que la razón no comprende. Así de caprichosa es la vía de abajo.

La nostalgia se puede mezclar con la alegría, el temor y el sentido. En un momento se solapan sensaciones en apariencia dispares.

Luego saltamos de una a otra y el espectro se amplía. De nuevo, florece el deseo de reemprender el camino hacia una nueva aventura que colme la compleja expectativa. Esa dosis justa de calma y de estimulación social. Somos solitarios sociales.

Igual que nos calan las cosas, también nos olvidamos rápido de ellas si el oleaje no ha empapado la osamenta. El mes siguiente viví en dos sitios, en julio en Estocolmo y en agosto volví a Barcelona para terminar este libro.

¿De dónde me marché a finales de mayo? ¿Cómo se llamaba aquel poblado perdido donde pasé un invierno primaveral con sus días y sus noches? Somos **insaciables** a la hora de experimentar.

SOMOS COHERENTES PORQUE ACEPTAMOS NUESTRA NATURALEZA CONTRADICTORIA.

La contradicción es un estado normal de la mente. Pensamientos contra pensamientos, sentimientos contra sentimientos, deseos contra deseos. Pensamientos contra sentimientos, deseos contra pensamientos, miedo y valentía.

No hay nada más contradictorio que nuestro organismo cuerpo y mente.

Somos hijos de una cultura y una educación **contradictorias**. Ser coherentes es permitir la naturaleza contradictoria del ser humano y reconocer lo que es importante para nosotros. La vida que queremos vivir a pesar de la constante contradicción.

Me **inspiran** los conceptos y las historias en apariencia contradictorios. La historia de un chico que odió mucho y que aceptó más. Un chico que anduvo perdido y que se ha encontrado. Un chico que cayó en un pozo, logró salir y se dedica a ayudar a otros a salir de su pozo. Un chico raro que acabó ayudando a la gente a ser más auténtica. Un chico pasota que es sensible y comprometido.

La historia de un chico egoísta que comprendió que **conectar** con la gente es la verdadera vía. Un chico que detestaba la psicología académica y acabó de profesor de Psicología en la universidad. Un científico convencido que abrazó y disfruta de la sutileza del espíritu.

Romper viejas estructuras, moldes, estereotipos y etiquetas es la historia de mi vida. Para que un relato se complete debe ser circular, que origen y final se toquen, que pasado y futuro se complementen. En esencia, la contradicción guarda la coherencia del que está en proceso de encontrarse.

La belleza de la **rareza** del que ha abrazado la gama amplia de posibilidades con sus esquinas, bordes y recovecos. La rareza de la **belleza** del que no teme reconocerse una peonza autoconsciente.

A veces crees dar con la solución definitiva, la escribes en un papel, lo guardas y te olvidas de él. Otro día rascas y sacas del bolsillo un objeto deforme y endurecido. Metiste en la lavadora la fórmula con el pantalón. Sigues con las manos vacías *ad eternum et ad infinitum*.

Sampedro fue banquero y acabó repudiando la banca. Dragó fue un señorito de buena familia y cofundó el Partido Comunista. Escohotado fue un *hippie* antisistema y murió siendo un ácrata neoliberal.

Se puede estar triste y tranquilo, agitado y confiado a la vez. A veces, la preocupación es señal de conciencia y la culpa, antesala de reparación. Es difícil crecer sin sentirnos incómodos antes. Todos queremos ser **felices,** pero la felicidad comercial hace a la gente más ecpática, superficial y egocentrada.

Somos ambivertidos, introvertidos, contradictorios, **ambiguos** ante ciertas cuestiones. Algunos deseos se oponen, el nivel de energía fluctúa, somos un mar de dudas a veces y otras un rayo centelleante en la noche desértica. Es el susto el que molesta, no el movimiento; dentro hay lugar para todo.

La meta realista es que me guste algo más veces de las que me disgusta. Sin embargo, que algo nos enamore totalmente o nos disguste al cien por cien es más complicado. La sensibilidad nos hace **discontinuos**, los polos se mezclan en porcentajes basados en nuestro estado de ánimo.

Estamos más conectados con nuestro **cuerpo**. Nuestro organismo es un recipiente vivo y orgánico como el cielo y en constante movimiento. Sol, nubes, chaparrón, humedad. Inestable, volátil, cambiante, sólido. Y vuelve el ciclo.

Me encanta hablar con la gente, sobre todo si es gente educada, sensible e inteligente. Acabo hablando con poca gente. Converso con el camarero y cuando llego a un grupo al principio me cuesta soltarme. Soy tímido y educado, depende más del momento.

Me cuesta decir algo solo para quedar bien y no entiendo las conversaciones de ascensor.

El don de la **versatilidad**, de conocer ambos mundos, sueño y pesadilla, gloria y miseria, opresor y oprimido. Dos veces fueron las que intervine en la calle frenando a dos desconocidos que maltrataban a sus parejas. Ambas chicas acabaron poniéndose agresivamente en mi contra.

Víctima y verdugo **conviven** en el laberinto interno de cada uno. Desconocemos la intrahistoria, todo aquello que ocurre entre bambalinas, antes de que estalle la alarma y se descubra el pastel.

¿Y dónde está el punto medio? ¿Y si buscarlo lo aleja? ¿Y si solo emerge cuando se traspasa? ¿Y si se disuelve cuando se abraza? Eternamente, seguimos. Constantes, en movimiento.

Es fundamental reconocer sin tapujos que somos más **difíciles**. Nos hacemos y hacemos un favor a los otros cuando nos abrimos tal cual nos vivimos. Admitir que somos complejos, inclasificables, psicológicamente contradictorios y coherentes con nuestros principios. Aprender a no complicarnos la vida cuando no sea necesario, a ser más prácticos y ponérnoslo más fácil.

Muchos son los **motivos** por los que nos pasa lo que nos pasa.

Evitamos darle mil vueltas a lo que no tiene una explicación racional, lineal ni sencilla.

Le cogemos el gusto a las **transiciones**, al intermedio. Al otoño, a la intermitencia, a la mudanza, al contraste, a la diferencia, a los «mientras tanto», al viaje entre ejes contrarios. Le hallamos sentido a la **metamorfosis** orgánica.

De la **oscilación** interna viene la creatividad en oleajes. Así llega la difuminación de los estereotipos clásicos.

La personalidad intermitente en un mundo incierto lidera.

Desmitificamos partida y final, origen y destino. Nos centramos en el vuelo pleno hacia ningún sitio concreto. Intelectual, emocional y espiritualmente, nunca estáticos del todo. Inquietos y cómodos, la juventud se vive eterna.

La calidad de vida se tiende a generalizar, como si fuera la misma fórmula exacta para todo el mundo. Sin embargo, es un término más **subjetivo** y personal que nace desde algo profundo, de nuestras experiencias pasadas, preferencias y apetencias personales. Nadie puede definirlo ni decidirlo por nosotros.

Para unos está relacionada con la seguridad, vienen de países socialmente inseguros, es importante que haya escuelas, hospitales y comisaría de policía cerca. Para otros, que haya ocio, opciones culturales, actividades donde poder socializar y conocer gente. Y para otros, que haya tranquilidad, parques y naturaleza.

Hay mañanas en que el café corta el bostezo y nos devuelve el espíritu creativo. Otras en las que el mismo café no afecta a la energía, aunque uno haya dormido ocho horas del tirón. Hay días que una canción pone en marcha la locomotora, otras en que ni sonando tres veces la misma canción se hace el clic.

¿Y cómo estás hoy?, me pregunta alguien. ¿Y qué le contesto? ¿Algo convencional?, me digo yo. Bien, mal, voy tirando. ¿Le digo exactamente lo que siento? No lo sé. Ahora mismo, me siento algo neutro.

Un **ambar**, aunque quizá vaya tirando a rojo. Siento algo de pereza y monotonía. Cierta nostalgia y sensación de aburrimiento.

Quizá tenga que ver con un final de etapa o un inicio de algo que no logro descifrar en el horizonte todavía.

Sé que estoy **harto** de cruzarme con los mismos rostros, coches, calles y edificios convencionales durante el último mes. Me crean frustración y la dolorosa sensación de no estar en mi sitio.

Quizá necesitaría un buen chute de belleza, aunque no tanto como para que me abrumara. Quizá necesitaría aprovechar que es festivo para escribir. Crear, cultivar, avanzar, pero hoy no acabo de dar con el botón de la inspiración. Aun así, sigo escribiendo, construyendo. Ya habrá tiempo más adelante para la edición y el diseño.

O puede que la mitocondria celular esté hoy de huelga. Igual haya fatiga por exceso de calor, la Sergiedad no soporta los extremos de temperatura. Y ya se asoma el verano mediterráneo con su reiteración meteorológica.

O igual son los días festivos como hoy, que me aburren. O igual que estoy demasiado lejos de caras familiares. O quizá tenga déficit de algún mineral en mi cuerpo. Pero está claro que la misma canción que me animó ayer, hoy me deja frío.

¿Y qué te pasa?, vuelve a preguntarme sorprendido. Pues no lo sé, la verdad. Pero un **no lo sé** con certeza, con firmeza y dignidad. Un no lo sé mayúsculo, sin ningún lugar a dudas.

El de quien tiene claro que los motivos de todo lo que ocurre, cómo nos sentimos, nuestro nivel de energía, la inspiración, la motivación, las ganas de hacer, la capacidad de percibir belleza o fealdad no dependen directamente de una **única** causa.

Tampoco de un solo acto voluntario, independiente, forzado e individual. Es un conglomerado frágil y cambiante, variable y multifactorial. Son muchos pequeños fragmentos de detalles a la vez. Como la formación de una nube de gas, de un movimiento sísmico, del fallo de un riñón.

A veces solo necesitamos **silencio** y que nos abracen la piel de mamífero. A veces es más una caricia, otras que nos amasen la musculatura con fuerza y suavidad.

Ya he aprendido a pedirlo, no te preocupes. Puedes confiar en mí. Te diré cómo me siento y lo que necesito. Pero no me pidas las causas exactas. Hemos reflexionado, viajado, explorado y descubierto la

infinitud de colores en el arcoíris de la existencia. Contenemos **multitudes**, océanos, desiertos y universos. A la vez.

A lo largo de la vida hay gente que sufre una única crisis existencial. Hay gente que vive dos y gente que cada década tiene una. Hay gente que tiene tantas como fases vitales experimenta. Hay pocos que no sufran ninguna y para algunos la vida es una crisis existencial completa.

DIVERSO, COMPLEJO E INCOMPLETO ES EL ESPÍRITU DE LA HUMANIDAD.

12.
RAREZA

Las cosas excelentes son tan difíciles como raras.

BARUCH SPINOZA

La mayoría de mis clientes mostraron los siguientes rasgos de **personalidad**, que a la ciencia y a la psicología oficiales se les escapan como elementos clave en el análisis, explicación y resolución del conflicto que experimentan.

Una alta sensibilidad, una alta inteligencia, una alta conciencia (de sí mismo, de las relaciones y de los efectos de sus acciones), una alta tendencia a la introversión o a la ambiversión, una baja comprensión y apoyo por parte de su entorno cercano, una alta incomprensión y culpabilización por parte de la cultura, la ciencia y la psicología oficiales.

¿Somos raros por naturaleza o por aprendizaje?

Por los dos, seguramente. Aunque, ¿qué más da?

¿Es normal tener vergüenza y cohibirme? ¿Estar nervioso y dudar?

¿Es normal tener calor y sudar? ¿Tener hambre y querer comer?

¿Es normal sentirme **raro**? ¿Sentirme cómo soy?

Lo **normal** es solo lo frecuente y lo habitual, no lo correcto ni lo equilibrado. En realidad, lo normal (o frecuente) es ser raro si nos permitimos ser y, por lo tanto, lo raro debería ser lo normal. Sobre todo, si te atreves a mostrarte más cómo eres y menos cómo se espera que seas. Con firmeza y suavidad.

Personalmente, pienso que mis **rarezas** son los anhelos no cumplidos de otros que se sienten normales porque encajan mejor. Aunque no intento culpar de mis rarezas a nadie, y menos a mí mismo.

No es raro el psicópata en puestos de dirección de una corporación, sería más rara la psicopatía en el jardín de infancia. Aunque las hay. Si los raros fuéramos todos iguales, no habría rareza.

Si eres sensible, eres cambiante. Vas por momentos y días. Tiene que ver más con la **confianza** puntual, no con quererte o dejar de quererte. Puede ser más una tendencia, aunque sea oscilante.

El primer intento de **marcharme** de casa fue a los diecisiete años, era menor de edad y no sabía adónde ir. En un arrebato de impotencia, llené hasta arriba una maleta de deporte y caminé hasta la entrada del metro. No tenía dinero ni para cogerlo. Tuve que recular y volver a casa con el rabo entre las piernas.

Definitivamente, me marché de casa a los veintidós años. Dejé una nota en la cocina tratando de ser lo más conciliador posible dentro del enorme malestar emocional que sentía.

Pasó un año sin comunicarnos cuando cité a mi padre y a mi madrastra en un restaurante para cenar y reencontrarnos lentamente. En la mesa llevé la iniciativa, tratando de explicar mis motivos, siendo lo más cariñoso y correcto posible.

Ambos me miraban con expresión de sorpresa y la boca abierta, como quien presencia el aterrizaje de una nave espacial. «Este chico es muy **raro**», es todo lo que musitó mi padre a su mujer.

Brusquedad, incomprensión, juicio, ecpatía. Sentí un mamporro de separación. Había bajado la guardia en busca de **conexión** y me había llevado un directo al mentón. Había acudido en son de paz y me clavaron un cuchillo. Tomaron mi sensibilidad por debilidad y se aprovecharon de ello.

Volviendo a casa en moto recordé las veces que mis profesores, mi padre, la madrastra y algún otro adulto habían herido mi sensibilidad. Habían tomado mi amabilidad por **debilidad**. Se habían aprovechado de mi inocencia y habían abusado de su poder. Tardé años en volver a retomar el contacto.

Yo no sigo ni estoy «igual que siempre», yo **evoluciono**.

La rareza no es siempre déficit y escasez, también es **abundancia** y originalidad. La belleza también es excentricidad.

Nos inspira la gente **excéntrica**, gente que rompe la forma pactada y nos flexibiliza el fondo. La extravagancia nos libera de las cadenas de la norma que nos rigidiza y asfixia en el teatro social del automatismo y el engaño.

El excéntrico es excesivo y nos enseña que las costuras de la humanidad se estiran, se alargan y se apaisan. Nos enseñan la filosofía del campo a través como opción válida.

Se presentan nuevas maneras de hacer lo mismo. Nos señalan el circo de la conformidad, el aburrimiento de la cola, el absurdo de no ser tú mismo.

Nos insuflan novedad, creatividad, libertad, frescura, riesgo, flexibilidad, hacer las cosas más por seguir nuestro pálpito y menos «porque sí y punto».

El **estrafalario**, centrífugo, minoría que se mantiene constante, visible y convencido acaba influyendo a la mayoría. Son individuos con menos vergüenza por ser lo que son y menos culpa por hacer lo que hacen.

Observar a gente rompiendo moldes, haciendo lo que se supone que no se puede hacer. Saltándose el dictado del guion, el párrafo sagrado, el diálogo escrito o la talla única es conocer a gente de otro planeta.

Dalí, Groucho Marx, Bobby Fischer, Muhammad Alí, Woody Allen, Dennis Rodman, Shaun Palmer, John Daily, Tyson Fury, entre muchos otros que me inspiraron, hacían lo que otros, pero como les daba la gana. Una actitud arriesgada ante la vida convencional de calma chicha y encefalograma plano.

Salirse del **molde** oficial tiene un precio, no hay punto medio. La multitud o el ostracismo, la gloria o la demencia. Muchas veces, cuanta más rareza nos permitamos, más sensación de libertad sentiremos. Bendito salto el que dio el charco para convertirse en océano.

Hay gente que solo se permitió su rareza durante la adolescencia y la primera juventud. Luego se escondió detrás del molde del trabajo, la hipoteca, el matrimonio, la paternidad, el divorcio, la doble vida. El mismo tiovivo tradicional que sus progenitores.

Hasta el siglo XX, la diferencia interna se traspapelaba hacia fuera. Quien vestía raro, era un raro. Le gustaban el arte y las músicas raras (no frecuentes). Tenía viaje personal y una historia interesante que contar.

Era diferente. Una **amenaza** contra la conformidad, un grito al guardián de la moral y las buenas costumbres. Era presencia con contenido (PCC), la forma y el fondo unidos. Un martillo contra el tejado de cristal oficial.

Hoy en día, la estética es independiente de la **ética**, lo de fuera ya no tiene por qué reflejar lo de dentro. Muchas veces conduce al epicentro de la nada. En la era del vacío hay un cisma aparente, el de la presencia sin contenido (PSC).

Un intento de provocación cosmética, de pistola de agua. La moda de no tener fondo. Y la **moda** es lo que otros quieren que seas, no tanto lo que somos.

En las últimas décadas, se ha pasado de buscar la provocación a simplemente llamar la atención. De tocar una nueva melodía a dar la nota. Es la era de la importancia, cosmética.

La gente *replicante* reduce la rareza psicológica a rareza estética. Aunque hay gente que viste rara y es convencional, y gente vestida convencional realmente rara.

Antes el raro era un *outsider*, ahora es un *insider*. Antes era el escozor de la herida, ahora es la complacencia de la sonrisa. Antes mostraba una auténtica incompletitud, ahora una fingida autosuficiencia.

Antes era una vía personal de **incitación**, de ser admirado o rechazado. Iba contra el sistema. Ahora trabaja para él.

Actualmente, la rareza visual es casi lo opuesto al **riesgo** y a la denuncia. Un movimiento *replicante* sin fondo, un catabolito del vacío interior, en lugar de ser un cordón del que tirar para llegar a esa historia que te prohibieron contar, reprimiste y a través de la cual poder llegar a los portones prohibidos de su alma.

Desconfío de la rareza de Instagram. Públicamente estridente, histriónica, narcisista, grandilocuente. Sin sensibilidad, ni inteligencia, ni valores, ni riesgo, ni personalidad, ni principio *evolutivo*.

Mis **tatuajes** son una forma de expresión personal, de divertirme, de romper estereotipos, de ocupar espacios comunes, de ampliar el horizonte para otra gente. Es una manera de demostrar que estaban equivocados, que puedo ser visualmente raro y también responsable, educado, sensible, consciente.

Que mis rarezas **compartidas** hagan más humanas las tuyas. Que mi rareza normalice tu rareza, que tu rareza normalice mi rareza. Gracias por no disimularte, por no esconderte tras un traje de convenciones. Gracias por mostrarte cómo eres, por existir, por inspirarme. De otro raro a ti.

Compartir mi rareza ayuda normalizar la tuya. Que el psicólogo hable de lo suyo, de lo que le hace humano y contradictorio, y no solo muestre la información aséptica de un manual. Saltar del pedestal, buscar la horizontalidad terapéutica. Menos lecciones y más comprensión. Menos separación y más unidad.

Si tuviera dieciocho años no llevaría tatuajes. Cuando el *replicante* lo adopta y la contracultura se masifica, pierde su elemento diferenciador y provocador. Su esencia y razón de existir.

Yo no sigo modas, no acato órdenes porque sí.

Lo que te diferencia, **incomoda** porque no lo comprenden, y lo censuran para separarse de una parte suya que esconden porque temen. Te censuran porque se censuran a sí mismos.

Por favor, por el futuro de la especie, no cambies. Tu aportación es tu rareza. Lo que te distingue es tu contribución al colectivo. Lo demás ya lo hacen otros. Tu vocación es tu diferencia. La diferencia es nuestra aportación al bien común. Puede parecer raro, pero no lo escondas.

Es la diferencia lo que hace **avanzar** a la humanidad, lo que aportamos individualmente; lo otro ya lo repiten otros. La rareza **amable** que provoca, pero no invade es pura generosidad. Tu rareza es tu valor. No cambies eso que te distingue y no te hace daño ni a ti ni a nadie. Esa es tu **aportación**.

Al principio, el **raro** se siente inferior, es la culpa. Después superior, es el orgullo. Más adelante le resta importancia al hecho porque comprende que la forma de ser y los gustos dependen de nuestro SN. Y sobre la Sergiedad nunca tuve elección.

13.
BELLEZA

Todo tiene belleza, pero no todos la ven.

CONFUCIO

Belleza y sensibilidad son la toma de corriente y el enchufe en el proceso de alumbrado interior. La percepción de la **belleza** es una de las cualidades de la alta sensibilidad. Una experiencia estética que nos sorprende y sobrecoge, nos saca de estados de ánimo bajos y nos reconecta con la vida.

Tenemos una curva anímica más acuciada, somos más cambiantes e inestables. ¿Quién no se ha sentido afligido y después de charlar con un amigo comprensivo ha palpado de nuevo el interés? ¿A quién no le ha inspirado una puesta de sol violeta? ¿Quién no ha llorado con alguna película, canción o documental? ¿Quién no ha subrayado la frase de un libro que le ha ayudado a dar un paso más allá?

Cuando tuve depresión, las tres primeras semanas de tomar el antidepresivo me sentía un despojo aún más miserable. La **fatiga** existencial y la neblina mental del período que atravesaba seguían intactas. Para colmo, se le sumaba, además, el embotamiento, el mutismo, la vergüenza y una disfunción eréctil de caballo. Llevaba tres meses arrastrándome por el mundo, sin sentido ni dirección. Cogiendo metros, autobuses, deslizando mi alma por la decadente Barcelona.

Recuerdo el momento en que saltó una canción de Dragonette con el iPod en modo *shuffle*, el orden de la vida eligiendo. Esa fina voz femenina, íntima, introvertida, suave y el *beat* con el nivel justo de ímpetu adolescente resucitaron una parte de mí muerta hacía meses. De repente sentí **elevación**, ligereza, frescura y recuperé el sentido de meta. Aquel suave empujón duró todo el día. Significó un cambio de rasante, un cruce de caminos en mi recuperación anímica.

A veces buscamos con ahínco canciones, párrafos, cuadros, imágenes, paisajes que anteriormente nos han rescatado de algún pequeño agujero. El beneficio del arte en nuestras emociones es proporcional a nuestro nivel de sensibilidad. Unas veces se repite el efecto **reparador**, otras veces no ocurre lo mismo. ¿Qué ha pasado? ¿Acaso ha dejado de funcionar la medicina del alma? ¿Ha dejado la percepción de belleza de actuar como antidepresivo?

A veces intentamos forzar algo que no podemos controlar. Hemos utilizado la vía *top-down* para relajar nuestra musculatura profunda y exprimir unos miligramos de goce. Es recomendable hacerlo sin frustrarnos si las hadas no nos visitan. El SN es **complejo** y caprichoso porque es multifactorial. Cuando algo es frágil, la fuerza de voluntad puede cerrarlo más. Si abrimos los pétalos con los dedos rompemos la flor.

La belleza, como el sufrimiento, el gozo, la libido, el sueño o el enamoramiento, es una **experiencia delicada**. Se aviva de manera autónoma a la conciencia, y de la misma manera se apaga. No desesperemos en la búsqueda de nuestro escenario mágico, nuestro renglón preferido, nuestro aroma reparador, nuestro grado de temperatura ideal que nos saque del abismo y nos reconecte a la fuente de la vida.

La **experiencia** estética que nos redime y nos purifica simplemente **sucede**. Lo **real** tiene ritmo propio, nos **encuentra** a nosotros. Si tratamos de atraparlo se esfuma, si nos apresuramos hacia ello se convierte en el espejismo que se desvanece. Lo sublime va por delante, se ríe de nosotros. Una cosa es la punta del dedo, otra el solemne arcoíris que señala. ¿Qué es la causa y qué el efecto?

Tenía prisa por **reconectar** con *El jardín de las delicias* de El Bosco en el Prado. El primer contacto con la obra me generó cotas de disfrute e inspiración mayúsculas. Me sentí encendido, fascinado, ordenado, tomando notas y notas durante el resto del día. Aquella **inmersión** estética contagió y se extrapoló a otras situaciones fuera del museo. Como si aquel sentimiento se quedara instalado en mi SN. Podía vislumbrar la belleza de los pequeños detalles en cada rincón de Madrid. Igualmente me pasaba con la gente.

Estaba tan expectante e ilusionado con mi reencuentro con El Bosco que aquella segunda vez no pasó absolutamente nada.

La belleza llega a través del oído, el gusto, el tacto, el olfato y los ojos. También puede aparecer desde dentro en forma de recuerdo, imagen o conclusión.

Lo **bello** es repentino, no lo buscábamos y nos descubre a nosotros. Somos sujetos pasivos y de pronto suena la campana de la sincronicidad. «Yo solo pasaba por ahí» y estalló el **encuentro**, el choque feliz.

Se enciende la chispa, la corriente, la conexión, la comunión, la transferencia, la **sintonización**. Con una mera mirada, un gesto, una pequeña acción. Una melodía, una imagen, un olor, un sonido, una memoria. En la naturaleza, entre animales, con animales, momentos de humanidad, sensibilidad o pasión.

Nos seda el dolor, nos da placer y nos respeta. Finiquita la preocupación, cancela el sentimiento de separación. Nos sacia de ilusión y alegría. De pronto, no hay más preguntas, tenemos la **respuesta**. Por un instante dejamos de deambular, de divagar, de dar vueltas en círculos, y de campana, sobre asuntos mundanos.

Después nos expande, no ensancha, nos da cierta altura interior. Es una sensación de regreso a la matriz maternal y a la vez de pertenecer a algo más grande.

Lo **bello** es casual, espontáneo, orgánico. Lo que no te esperabas y se da. Lo bello es auténtico, diferente, raro, excepcional. Lo que no buscaba impresionar y sin quererlo acaba conquistando. A menudo, la belleza se experimenta como una panacea y es contagiosa.

Si recibo bondad, devuelvo bondad. Si recibo delicadeza, devuelvo delicadeza. Si recibo valores, devuelvo valores.

La experiencia de belleza despierta una **cascada** de reacciones en cadena que nos invita a crear más belleza, más armonía, más sentido y asociaciones con otros aspectos bellos de la realidad.

Al principio nos puede dar vergüenza emocionarnos, mostrar emotividad. Nos da miedo sentir que nos desbordamos, pues nos pueden juzgar. Tratamos de taparlo, de tensarnos y resoplar hacia afuera apartándolo. «Tienes los ojos como espejos», soltó riéndose un amigo de la primera juventud en el patio de butacas. La preciosa banda sonora final de la película me había conmovido. Mi SN aprovechaba el anonimato de la oscuridad como válvula de escape para drenar emociones. Aquel comentario inconsciente se encargó de frenar y avergonzar la experiencia estética y extática. Nos culpabilizan el **instinto**.

Actualmente, me **permito** llorar cuando toca, no pierdo el tiempo ocultando nada. No me tapo cuando río, no lo hago cuando lloro. Sea por el motivo que sea. Alegría, tristeza, belleza, *eureka*, rabia. Cuando el **grifo** se abre, permito que desemboque el río mientras sigo viviendo la vida. El SN es un milagro de ingeniería emocional y disfruto el momento. Sube la presión a la cabeza, cambia la temperatura, se abren las compuertas, explota el momento. Es la vida viva, llena de belleza, que se desliza por los pómulos hacia el cuello. De dentro hacia afuera, como todo lo **auténtico**.

A veces necesitamos **compartir** la experiencia estética. Es un descubrimiento trascendental que debemos anunciar, esparcir, contagiar y con el que evangelizamos a nuestro círculo íntimo.

Son esos e-mails, mensajes de texto, notas de voz que íbamos a borrar, que no íbamos a mandar, y que al final acabamos mandando los que lo cambian todo. Es justo ahí donde se esconden el meollo, el tuétano, la esencia y la belleza de nuestra rareza, en el interior de la cáscara. Pero nos enseñaron a minimizar la sensibilidad, a restarle importancia a lo más importante.

Nos hirieron la **inocencia** y le ponemos algodón para amortiguar el golpe ajeno y que no duela tanto. El eco de las risas que sufrimos de niño siguen intactas en nuestro SN.

El mundo actual es un arroyo de situaciones llenas de antivalores, de conductas egoístas, ecpáticas y feas. Nos resistimos a entregarnos a la belleza y emocionarnos. Si nos permitiéramos contactar con los sentimientos bellos y dulces, poco a poco algo interno se iría aflojando y desaprendiendo. El ser humano cabalgaría renovado hacia la **unidad**, dentro la emotividad estética somos uno.

La meta del sensible, del *evolutivo*, del profundo, del consciente, del inteligente, del raro es **crear** y compartir belleza. Embellecer un poco más la vida mediante acciones, objetos, encuentros. Siempre que nos sea posible, a nuestro paso dejemos un rastro más cálido, justo, generoso, amable y ordenado. Cuando desayuno fuera, voy al bar donde las camareras son más simpáticas, amables y detallistas. La música es más bonita, el volumen es más agradable, todo encaja mejor. Sin duda, uno inicia el día con mejor pie rodeado de belleza.

A nuestro paso creamos un mundo que invita a vivirnos más conectados a través de la **inspiración mutua**. Así nos sentimos menos aislados o menos víctimas del aislamiento, la incertidumbre y el caos. Un lugar **común** donde merece la pena vivir y reconectar, del que no tenemos prisa por desconectar y escapar a toda costa.

Igual que lo bello nos alivia, nos levanta y nos colma de sentido, lo **feo** nos deprime, nos hunde y nos aumenta el sufrimiento. Si eres sensible y te afecta la belleza, también te daña la fealdad. Tienes fiebre, vas al hospital y te aíslan en una habitación industrial. Es fría, tiene paredes brillantes, una luz blanca colgando del techo y un ambiente tétrico. Te pones malo, todo acaba peor. Entraste con una dolencia física y sales hundido emocional y espiritualmente.

Por dentro, la mayoría de los edificios públicos son **feos**. Correos, Hacienda, el Registro Civil, el Ayuntamiento. Dejé la universidad por el diseño de las aulas, los pasillos, los despachos de la facultad. Los ilustres trabajadores que los ocupaban carecían de alma, estaban huecos. Algo en mi interior se desquiciaba, me subía el pulso. Ahí dentro el aire no se había renovado en décadas, envejecía a pasos agigantados. No quería acabar como ellos.

Nos repelen las salas de espera, los lavabos públicos, las áreas de servicio, la impuntualidad injustificada, la violencia callejera, el embotellamiento de tráfico, el gimnasio repleto. La percepción de **antivalores** nos desespera. Insolidaridad, egoísmo, brusquedad, discusiones, el tono elevado, el abuso de poder, el maltrato en todas sus modalidades.

Lo feo se encuentra en dirección opuesta a lo bello. Aunque la cultura oficial trate a veces de confundirnos mezclándolos. Quien te acuse por emocionarte, tener sensibilidad e inteligencia estética te llamará inferior, flojo, inmaduro, desequilibrado. Tratará de avergonzarte.

NO COMPRENDE QUE LA VERDADERA VALENTÍA CONSISTE EN ABRIRNOS A LO QUE SENTIMOS EN LUGAR DE REPRIMIRLO.

Amigar emociones con pensamientos, en lugar de racionalizar los sentimientos. Tener principios propios, en lugar de dejar que la cultura oficial los escoja por ti. Y, sobre todo, saber distinguir entre lo que podemos cambiar y lo que debemos **aceptar**.

La experiencia estética apareció primero en mi vida a través de la belleza **femenina**. Un recorrido de lo superfluo a lo profundo, de lo obvio al detalle. El pelo, los ojos, los labios, los dientes, la sonrisa. El escote, el olor, los besos con lengua. El gusto se fue ampliando y me acabaron seduciendo el temperamento, la energía, la personalidad, el timbre de la voz, la mirada cautivadora. La capacidad de cuidar y dejarse cuidar, la competencia verbal, el tacto conversando.